Dorothee Döring

Familienglück im zweiten Anlauf

Chancen und Risiken einer Patchwork-Familie

Reichel
Verlag

„Menschen heiraten
immer wieder.
Das ist der Sieg
der Hoffnung
über die Erfahrung.“

Helen Fisher, amerikanische Anthropologin

Inhalt

Einführung 7

1 Eine Familie zerbricht 8

    1. Scheiden tut weh 8

    2. Die Phasen des Trauerprozesses 14

    3. Wie erleben Kinder die Scheidung ihrer Eltern? 18

    4. Wie erleben Kinder die Abwesenheit eines Elternteils? 25

II Kehrtwende – Dem Leben eine neue Richtung geben 34

    1. Die Verarbeitung des Verlustes
als Voraussetzung zur Neuorientierung 34

    2. Die Phasen der Neuorientierung 43

    3. Aus Erfahrungen lernen – Eigene Fehler erkennen 48

III Eine neue Liebe – verliebt in einen Partner mit Vergangenheit 57

    1. Die Bindungsfähigkeit 57

    2. Die „Altlasten" 61

    3. Der Widerstand der Kinder gegen eine neue Liebe ihrer Eltern 67

IV Störfaktoren in einer Patchwork-Familie 76

    1. Die unverarbeiteten Probleme aus der vorausgegangenen
Beziehung 76

    2. Stets präsent – Die Ex-Frau 79

    3. Der Einfluss des Ex-Mannes über das gemeinsame Sorgerecht 86

    4. Die Ablehnung des neuen Partners vom sozialen Umfeld 89

V Die Beziehungsdynamik in einer Patchwork-Familie 93

    1. Stiefeltern und Stiefkinder 93

        1.1. Sympathie oder Antipathie 93

        1.2. Der Erziehungsanspruch des Stiefelternteils 100

        1.3. Die Konkurrenz von leiblichem und Stiefelternteil 107

        1.4. Die Manipulation des neuen Elternpaares
durch die Kinder 111

    2. Stiefgeschwister und leibliche Geschwister 114

    3. Der abwesende leibliche Elternteil und die Patchwork-Familie 119

    4. Großeltern und Enkel 125

VI 10 Tipps für Patchwork-Familien   128
Anhang   135
  Neuregelung des Ehegattenunterhaltes   135
  Juristische Empfehlungen für eine Zweitehe   138
  Neufassung des Kindschaftsrechtes   139
  Das „kleine Sorgerecht"   140
  Quellenverzeichnis   141
  Weiterführende Literatur   143
  Adressen   144

Einführung

Heutzutage wird fast jede dritte Ehe geschieden. Aber der Wunsch, es mit einem neuen Partner noch einmal zu versuchen, ist oft groß. Sind dann Kinder aus der Vorbeziehung da, führt das zu völlig neuen Familienstrukturen, den Patchwork-Familien, früher „Stief-Familien" genannt.

Obwohl sich alle Beteiligten zunächst mit gutem Willen und besten Vorsätzen auf die neue Familienkonstellation einlassen, wird ihnen sehr schnell klar, dass der Alltag nichts mit der Scheinwelt von Fernsehserien zu tun hat. Unterhaltszahlungen, Besuchsregelungen, Erziehungsprobleme oder problematische Beziehungen der Ex-Partner können die neue Familie entscheidend belasten.

Meine Intention ist es nicht, Sie davor zu warnen, eine Zweitbeziehung einzugehen. Vielmehr möchte ich Ihnen die Augen dafür öffnen, dass eine Entscheidung von solch großer Tragweite zwar auf einem positiven Gefühl beruhen muss, aber auch Ergebnis einer rationalen Abschätzung möglicher Risiken sein sollte.

Ich zeige Ihnen, welche Auswirkungen die „Schatten der Vergangenheit" auf die neue Liebe haben, aber auch, wie man mit ihnen konstruktiv umgehen kann, so dass das „Projekt Patchwork-Familie" gelingt.

I
Eine Familie zerbricht

Wenn eine Partnerschaft oder Ehe auseinanderbricht, gibt es denjenigen, der den anderen verlässt, und denjenigen, der verlassen wird. Die Auswirkungen emotionaler, finanzieller und organisatorischer Art treffen beide Parteien in unterschiedlicher Weise. In meiner Betrachtung wende ich mich deshalb dem verlassenen Partner zu, weil der von der Entscheidung des anderen überrollt wird und sich der neuen Realität fügen muss.

1. Scheiden tut weh

„Dann können wir uns ja scheiden lassen ...!" Wer hat nicht schon eine solche Drohung im Streit hören müssen?

Egoismus, mangelnde Achtung und Wertschätzung, Lieblosigkeit und schließlich immer wieder geäußerte Drohungen, sich scheiden lassen zu wollen, sind Symptome, die zu einer ernsthaften Krise führen können.

Meint es der Partner ernst, bricht für uns eine Welt zusammen. Wir fühlen uns wie im Schock und kämpfen darum, noch eine Chance zu bekommen. Wir versprechen ihm alles, geloben Besserung, nur damit er seine Entscheidung zurücknimmt.

Realisieren wir, dass uns der Partner keine Chance mehr gibt, fallen wir in ein tiefes Loch. Wie sollen wir jemals wieder glücklich werden ohne ihn? Wir vergessen all die schlechten Zeiten, die Kränkungen und Konflikte, die wir mit ihm erlebt haben. Vor unserem inneren Auge sehen wir die Partnerschaft nur in leuchtenden Farben. Immer wieder fragen wir uns, warum wir verlassen werden, was wir falsch gemacht haben oder was an uns nicht in Ordnung ist. Wir können nachts nicht schlafen und laufen tagsüber ruhelos umher. Besonders die Wochenenden und Feiertage sind grausam.

Wer sich aktuell in einer Krise befindet, der fragt sich oft: *„Wie konnte das passieren?"* Er ist verunsichert und verzweifelt. Das, was ihm bisher so sicher erschien, ist ins Wanken geraten. Viele Menschen empfinden Verlassenwerden als eine der größten seelischen Niederlagen. Nichts ist demütigender und abwertender, als nicht mehr wertvoll genug zu sein, geliebt zu werden, einfach „abgelegt" zu werden. Diese Verletzung ist äußerst schmerzhaft, und die Narben der Seele verheilen oft ein ganzes Leben lang nicht.

Vielleicht wird uns aber jetzt auch bewusst, dass es vielleicht schon lange keine Gespräche mehr gegeben hat, in denen man sich als Paar seine Sorgen, Ängste, Bedürfnisse und Wünsche offenbarte. Vielleicht müssen wir uns an den Anfang der Beziehung oder Ehe erinnern, um zu erkennen, was falsch gelaufen ist.

Jahrelang war man sich so vertraut, erzählte sich alles, konnte sich bedingungslos aufeinander verlassen. Doch plötzlich ist alles anders, die enge Verbundenheit hat sich verändert: Pläne und Ziele weichen voneinander ab, die Interessen gehen auseinander, und auf einmal hat man sich nichts mehr zu sagen. Erich Kästner hat das Phänomen der Entfremdung in der Partnerschaft in einem sehr bekannten Gedicht beschrieben:

Sachliche Romanze[1]

Als sie einander acht Jahre kannten
(und man darf sagen: sie kannten sich gut),
kam ihre Liebe plötzlich abhanden.
Wie andern Leuten ein Stock oder Hut.

Sie waren traurig, betrugen sich heiter,
versuchten Küsse, als ob nichts sei,
und sahen sich an und wussten nicht weiter.
Da weinte sie schließlich. Und er stand dabei.

Vom Fenster aus konnte man Schiffen winken.
Er sagte, es wäre schon Viertel nach Vier
und Zeit, irgendwo Kaffee zu trinken.
Nebenan übte ein Mensch Klavier.

Sie gingen ins kleinste Café am Ort
und rührten in ihren Tassen.
Am Abend saßen sie immer noch dort.
Sie saßen allein, und sie sprachen kein Wort
und konnten es einfach nicht fassen.

Frauen haben ein sensibler ausgeprägtes Frühwarnsystem als Männer und merken frühzeitig, wenn etwas aus dem Lot geraten oder nicht mehr zu retten ist. Wenn man es dann nicht mehr schafft, wieder zueinanderzufinden, ist eine Trennung unausweichlich.

Es ist für uns Menschen sehr wichtig, dass wir uns in einer Familie aufeinander verlassen können. Dazu gehört auch eine Strukturierung unseres Tagesablaufs, dass wir wissen, morgens werden die Kinder in die Schule gehen, wir unserer gewohnten Arbeit nachgehen, das Abendessen wird wie immer gemeinsam eingenommen usw.

Sich auf Gewohntes verlassen zu können, erhält uns die Kraft, mit den Unwägbarkeiten, den Widrigkeiten, den ungeplanten Ereignissen unseres Lebens fertig zu werden. Wir handeln in und aus einem Zustand des Gleichgewichts von Anforderungen und Kräften. Im Falle einer Trennung existiert dieses Gleichgewicht nicht mehr. Das bisherige Leben wird völlig auf den Kopf gestellt und plötzlich sind ganz neue Dinge wichtig: Es sind allein Entscheidungen zu treffen, die zuvor gemeinsam getroffen wurden. Es machen sich Gefühle von Unsicherheit und Ausweglosigkeit und vor allem die Angst vor dem Alleinsein breit. Der Betroffene stellt sich die Frage: *„Wie soll es weitergehen? Werde ich es allein schaffen?"*

Sicher ist, dass mit dem Alleinleben ein neuer Lebensabschnitt mit neuem Rhythmus und neuen Inhalten beginnt. Wer sich vorher eingeengt fühlte, spürt Nachholbedarf und genießt die positiven Seiten des Alleinlebens: Keine falsche Rücksichtnahme mehr! Niemand nörgelt über Unordnung, niemand kritisiert unnötige Einkäufe, keine Auseinandersetzung mehr z. B. über Freunde. Viele Betroffene erleben einerseits große Erleichterung, andererseits eine Reduzierung, quasi eine Halbierung ihres Lebens, denn es fehlen die Lebensanteile des Partners. Diese enorme Lebensumstellung bewirkt bei den Betroffenen starke *Stimmungsschwankungen.*

Seien Sie sich bewusst, dass Sie sich noch in einem schmerzhaften *Trauerprozess* befinden, in dem Trauerarbeit zu leisten ist, denn es ist unmöglich, einfach *nicht* an den Partner zu denken. Es wird Sie vielleicht überraschen, aber auch bei einer selbst gewählten Trennung ist Trauerarbeit zu leisten, der Kopf hat zwar die Entscheidung getroffen, aber das Gefühl hinkt hinterher! Und deshalb ist es wichtig und richtig, Trauer zuzulassen.

Zu den Stimmungsschwankungen tragen auch die immer wiederkehrenden schmerzhaften Erinnerungen an Verletzungen und Enttäuschungen bei.

Sabine, 38:

> *„Ich habe lange Zeit alles Negative negiert und war auf dem Trip des „positiven Denkens". Natürlich hilft es, sich durch positives Denken in eine bessere Stimmungslage zu*

bringen, aber verarbeitet wird die Ursache für meine negativen Gefühle nicht. Ich trete auf der Stelle.

Als mein Mann mich nach acht Jahren verlassen hat, hat mich das sehr verletzt. Trotzdem spielte ich meiner Umwelt immer die souveräne, starke Frau vor, die durch nichts zu erschüttern ist. Ich wollte meine Trauer, Enttäuschung und Wut nicht zulassen, weil ich dachte, wenn ich durchhänge und schlecht drauf bin, verliere ich womöglich auch noch meine Freunde. Meine verdrängten negativen Gefühle suchten sich auf körperlicher Ebene ein Ventil: Nervosität, Schwindelgefühl, Schlaf- und Essstörungen zeigten mir, dass ich aus dem Lot geraten war. Ich habe irgendwann versucht, die Wut zuzulassen, auszuleben, wie z. B. beim Joggen, dann ging es mir anschließend wesentlich besser.“

Nach Jahren gemeinsamen Lebens nehmen wir den anderen oft nicht mehr richtig wahr, weil wir glauben, ihn mit seinen Einstellungen und Reaktionen zu kennen. So kommt es, dass wir uns im Laufe der Jahre von unserem Partner ein besonderes Bild machen: Gleichsam haben sich zwischen ihm und uns mehrere „Filter“ geschoben und wir sehen größtenteils nur noch das, was wir sehen möchten. Nach Jahren der Gemeinsamkeit sind wir nicht mehr – wie in der Anfangszeit der Beziehung – neugierig aufeinander oder fasziniert voneinander. Vieles ist zur Selbstverständlichkeit geworden und hat dadurch seinen Reiz verloren. Und plötzlich zeigt sich uns ein ganz anderer Mensch!

Oft will oder kann aber der Verlassene nicht einsehen, dass ein Festhalten an der Beziehung längst sinnlos geworden ist. Bei einer so unterschiedlichen Wahrnehmung kommt es zwangsläufig zu Konflikten.

Trennung und Scheidung sind sehr belastende Lebenskrisen, denn es zerbricht die Hoffnung auf einen gemeinsamen Weg bis zum Lebensende. Die Folge ist ein Gefühlschaos mit entsprechender Verunsicherung. Es müssen Entscheidungen getroffen werden, um das eigene Leben neu zu gestalten. Häufig wird aber gerade während dieser anstrengenden Zeit, die besondere Aufmerksamkeit verlangt, am Alten festgehalten. Man klammert sich an etwas, das es nur noch in der Illusion gibt.

Jede Trennung ist von Trauer, Enttäuschung und Schmerz begleitet. Wer verlassen worden ist, fühlt sich in seinem Selbstwertgefühl gekränkt. *Unverarbeitete* Trauer und Wut suchen sich ein Ventil und richten sich entweder gegen uns selbst – die Folgen sind oft psychosomatische Beschwerden bis hin zu Depressionen – oder gegen denjenigen, der uns verlassen hat, in Form von vielfältigen Aggressionen wie Stalking, Verleumdung, Sachbeschädigungen usw.

In Aggression umgesetzte, unverarbeitete Trauer ist leider der Grund für viele gerichtliche Auseinandersetzungen. Das Bedürfnis, den anderen, der uns verlassen hat, zu bestrafen, kann so ausgeprägt sein, dass selbst ökonomische Interessen in den Hintergrund treten und man wirtschaftliches Harakiri betreibt. Der verschmähte Partner erinnert sich seines Einsatzes und verlangt Ersatz. Leider kann man aber veränderte oder „gekündigte" Gefühle nicht mit Geld ausgleichen.

Liebeskummer und Trennungsschmerz werden in unserer Gesellschaft fast nur mit jungen Menschen in Verbindung gebracht. Doch auch reifere Menschen wirft eine Trennung vom langjährigen Partner oft aus der Bahn. Die eigene Identität und das Selbstwertgefühl werden zutiefst erschüttert.

Frauke, 52:

„Mein Mann hat mich vor zwei Jahren aus für mich nicht nachvollziehbaren Gründen verlassen. Er wollte noch einmal ein anderes Leben ausprobieren. Für mich brach von

13

einer Sekunde auf die andere finanziell und seelisch alles zusammen. Ich litt unter Panikattacken und unter Depressionen, Appetitlosigkeit oder Essattacken, konnte nicht schlafen und war von wilden Rachephantasien geplagt. Weil ich allein meine Desorientierung nicht in den Griff bekam, machte ich eine Gesprächstherapie, um unter professioneller Anleitung meine Gedanken zu ordnen, Kraft und Motivation aufzubauen und mein desolates Selbstwertgefühl wieder zu stärken."

Die Reaktionen von Menschen, die die Liebe eines anderen verlieren oder enttäuscht über die Unerfüllbarkeit ihrer Sehnsucht sind, schwanken von leichten, kurzen Formen des Liebeskummers bis hin zu lang anhaltender tiefer Verzweiflung. Wird der Leidensdruck so groß, dass jede Lebensfreude erlischt, man seinen Alltagspflichten nicht mehr nachkommen kann, sich abschottet und zu Alkohol oder Medikamenten greift, ist professionelle Hilfe angesagt (s. Adressen im Anhang).

2. Die Phasen des Trauerprozesses

Die geschilderten Folgen unverarbeiteter Trauer zeigen, wie wichtig es ist, sich dem seelischen Schmerz zu stellen und ihn zu verarbeiten. Auch Liebeskummer ist Trauer und kann nur durch *Trauerarbeit* bewältigt werden. Mit ihr wird ein schmerzhafter Lernprozess vollzogen, bei dem es darauf ankommt, loszulassen und sich selbst aufzufangen. Er verläuft in ähnlichen *Phasen* wie der Trauerprozess nach dem Verlust eines Menschen durch Tod:[2]

1. Phase: Nicht-wahrhaben-Wollen und Verleugnen

Ich glaube an einen bösen Traum, hoffe darauf, dass alles wieder gut werden wird. Ich bemühe mich, meinen Partner umzustimmen.

2. Phase: Gefühlschaos und psychosomatische Symptome

Ich werde überrollt von meinen Gefühlen, bin verzweifelt, voller Angst, plage mich mit Selbstzweifeln, Eifersucht, Wut und Hass. Ich kann nicht gut schlafen, esse nicht oder zu viel, bin voller Unruhe, habe Verstopfung, Kopf- oder Magenschmerzen, Herzrasen. Ich grübele „warum nur?" und denke ununterbrochen an meinen Partner. Ich ziehe mich von Freunden zurück oder flüchte mich in Aktivitäten.

3. Phase: Akzeptanz des Verlustes

Es ist mir unmöglich, einfach nicht an meinen Partner zu denken, denn mit dem Ende einer langjährigen Beziehung oder Ehe ist nicht einfach schlagartig jedes Gefühl vorbei, so sehr man sich das auch wünschte.

Ich lasse die Trauer über die gescheiterte Beziehung zu. Ich spüre, dass mich Weinen erleichtert. Ich gestatte mir, traurig und verzweifelt zu sein.

Ich mache mir klar, dass wir alle über ein „emotionales Konto" verfügen, das negative und positive Empfindungen sammelt und sich im Minus- oder Plusbereich bewegt. Für die Seelenhygiene ist es besser, sich gelegentlich negative Gefühle zu leisten, sie zu analysieren, sich mit ihnen auseinanderzusetzen und sie als Signale eines Frühwarnsystems zu verstehen, bevor sie uns gefährlich werden und schaden können. Gefühle – positive und negative – sind für uns eine Art innerer Kompass. Positive Gefühle zeigen uns, dass wir auf dem richtigen Weg sind, negative Gefühle zeigen uns, dass wir etwas verändern müssen.

Ich versuche zu verhindern, dass die destruktiven Gefühle meinen gesamten Tagesablauf überschatten und meine berufliche Leistungsfähigkeit beeinträchtigen.

4. Phase: Rückblick ohne Idealisierung

Auch ohne rosaroten Erinnerungsfilter sind mir die Vorzüge, aber auch die Nachteile der vergangenen Partnerschaft, die ja schließlich zur Trennung führten, bewusst. Ich trauere um die schönen, gemeinsamen Stunden, die es nicht mehr geben wird, vergesse aber auch nicht die Belastungen, die die Beziehung scheitern ließen. Ich mache mir neben den Erinnerungen an alles Schöne auch immer wieder bewusst, wie sehr mein Partner mich verletzt hat, wie unverstanden und ungeliebt ich mich gefühlt habe, wie belastend seine Nähe für mich war, wie ausgenutzt ich mir vorgekommen bin. Diese Sicht verhilft mir zu einem ganzheitlichen Bild von der Qualität der zerbrochenen Partnerschaft.

5. Phase: Analyse der gescheiterten Beziehung

Immer wieder ertappe ich mich dabei, einseitig nach Schuld und Versagen zu suchen. Gelegentlich mache ich wechselweise mich selbst und meinen Ex-Partner für die Misere verantwortlich. Beschuldigungen aber führen nicht weiter, eher die Frage danach, was in der Beziehung schiefgelaufen ist! Dabei sollte die Betonung immer auf den Wörtern „wir" und „uns" liegen, weil für das Gelingen oder Versagen einer Partnerschaft immer *zwei* Menschen verantwortlich sind. Zur Verarbeitung und Neuorientierung gehört es, Zusammenhänge zu erkennen, die nicht bewusst waren oder vom Gefühl der Verliebtheit überlagert wurden.

Diese fünf Phasen laufen nicht lehrbuchmäßig ab, sie können sich überlappen und dauern bei jedem Menschen unterschiedlich lange. Je länger eine Beziehung bestand, umso länger kann der Trauerprozess dauern. Was in erster Linie hilft, ist Zeit – und irgendwann vielleicht eine neue Liebe. Bis dahin sind Gespräche mit guten Freunden wichtig, Sport oder zumindest körperliche Bewegung, um Stresshormone abzubauen, Ablenkung durch Unternehmungen und der Mut, eigene Wege zu gehen.

Interessant ist, dass Männer und Frauen sehr unterschiedlich mit Liebeskummer umgehen. Während Frauen fast immer glauben, am Bruch einer Beziehung schuld zu sein, häufiger unter Depressionen, Wut, Selbstzweifeln und somatischen Beschwerden leiden, empfinden Männer das Scheitern einer Liebe oft als persönliches Versagen und als Gesichtsverlust. Während Frauen durch ihre Trauer den erlittenen Verlust verarbeiten, sind Männer eher Verdrängungskünstler und suchen meist sofort eine neue Partnerin.

Die meisten Menschen brauchen Zeit, um sich ein Leben ohne den ehemaligen Partner vorstellen zu können. Manche bleiben aber in der Opferrolle stecken und damit in der Vergangenheit. Sie verharren fortan in Gedanken: *„Wie konnte er mir das antun. Nie mehr werde ich einen Menschen finden und mit ihm glücklich sein."* Das ist schade, denn jeder Mensch kann lernen, eine Trennung zu akzeptieren, seinen Trennungsschmerz zu überwinden und seinen Blick wieder auf die Zukunft zu richten.

Der Vollständigkeit wegen sei noch darauf hingewiesen, dass Paare sich auch einvernehmlich trennen können. Beide Partner kommen zu der Beurteilung, dass sich ihre Lebensvorstellungen zu weit voneinander entfernt haben, dass man sich entfremdet hat und dass es deshalb besser sei, sich zu trennen. Aber, selbst wenn sich die Partner einig sind, dass die Fortsetzung der Lebensgemeinschaft wenig Sinn ergibt, ist für sie die Trennungszeit bis zum Vollzug der Scheidung sehr schmerzhaft.

Eine Scheidung tut auch in *wirtschaftlicher* Hinsicht weh. Beide ehemaligen Partner spüren den Mangel: Das Familieneinkommen wird geteilt und muss nun für zwei Haushalte reichen. Ein

Scheidungsanwalt gebrauchte dafür ein treffendes Bild: Die Decke, die zuvor zwei Menschen wärmte, wird in der Mitte zerschnitten, mit der Folge, dass jeder ein bisschen friert (siehe hierzu im Anhang: „Neuregelung des Ehegattenunterhaltes").
Scheiden tut nicht nur den Erwachsenen weh, sondern vor allem den betroffenen Kindern.

3. Wie erleben Kinder die Scheidung ihrer Eltern?

Durch die Scheidung der Eltern verändert sich die gesamte Lebenssituation der Kinder dramatisch. Sie müssen nicht nur die Trennung der Eltern hinnehmen, sondern in der Folgezeit oft auch mit neuen Partnern ihrer Eltern zurechtkommen. Wohnungs- und Schulwechsel, materielle Einschränkungen, Besuchsregelungen und vieles mehr müssen sie verkraften. Dabei sind sie einem Wechselbad von Gefühlen wie Wut, Trauer, Scham, Angst und Schuld ausgesetzt.

Eine Trennung der Eltern bedeutet für das Kind den Verlust der bisherigen Lebensgrundlage, die sich im Zusammenleben mit Mama *und* Papa manifestierte. Eine Akzeptanz der neuen Situation durch das Kind ist sicher von seinem Alter und seiner Reife abhängig. Für Kinder im Kindergartenalter und darunter ist das Verhalten der Eltern unverständlich und Angst auslösend. Ältere Kinder können die Trennung der Eltern als notwendige Entscheidung erkennen, da sie selbst unter der spannungs- und aggressionsgeladenen Atmosphäre zu Hause leiden. Trotzdem hat jede Veränderung für Kinder jeder Altersstufe etwas Bedrohliches, Unbekanntes und sie sehnen sich nach einer heilen Familie, in der sich Mama und Papa gut verstehen.

Der Prozess der Trennung (bzw. Scheidung) verläuft in drei Phasen:

> 1. Die *Vortrennungsphase:* Der Prozess zunehmender Unzufriedenheit mit dem Partner, der schließlich zu der

Erkenntnis führt, dass eine Trennung unumgänglich ist.

2. Die *Trennungsphase:* in der die notwendigen Schritte einer Trennung vollzogen werden wie Hausrats- und Vermögensaufteilung, Sorgerechtsregelung, Wohnungsauflösung usw.

3. Die *Nachtrennungsphase:* d. h. die Zeit nach vollzogener Trennung.

Die *Vortrennungsphase* ist für Kinder verunsichernd. Sie haben Angst und glauben sogar, schuld daran zu sein, dass die Eltern sich ständig streiten. Aber auch, wenn sich die Eltern nicht offen streiten, bekommen Kinder schwelende Konflikte und latente Aggressionen der Eltern mit. Dann kommen in ihnen quälende Fragen und beunruhigende Gedanken hoch: Was ist mit meinen Eltern los? Was haben sie vor? Und was habe ich falsch gemacht, dass sie sich so verhalten?

Das Wechselbad der Gefühle der Eltern verunsichert die Kinder. Sie fühlen sich ohnmächtig und spüren, dass sie kaum Einfluss auf das haben, was geschieht. Da die Eltern im kindlichen Denken einfach zusammengehören, wirkt eine mögliche Trennung wie eine unfassbare Bedrohung ihrer eigenen Existenz.

Während der *Trennungsphase* gehen die dunklen Vorahnungen der Kinder in Gewissheit über, dass sich die Eltern trennen werden. Manche empfinden es fast als eine Erleichterung, dass die Zeit des Zweifelns und der Ungewissheit vorüber ist, andere klammern sich an die Hoffnung, dass die Eltern noch einmal zueinander finden könnten und reagieren mit Ungläubigkeit und Nichtakzeptanz der Situation.

In der *Nachtrennungsphase* werden Kinder ebenfalls verunsichert, nämlich durch das *veränderte Erziehungsverhalten* der Eltern: Eltern haben wegen der Scheidung gegenüber ihren Kindern Schuldgefühle, aus denen heraus sie Grenzen nicht konsequent setzen und Dinge durchgehen lassen, die eigentlich einer Korrektur bedürften. Besonders der Elternteil, der seine Kinder nur am Wochenende oder in den Ferien sieht, hat Angst davor, die Liebe seines Kindes zu verlieren, und neigt dazu, sein Kind zu verwöhnen.

Da Kinder ohnehin wie Seismographen auf die Gefühls- und Stimmungslage sowie auf Unsicherheiten der Eltern reagieren, sollten diese in aller Offenheit mit ihren Kindern reden und ihnen klarmachen, dass sie selbst auch die Trennung verarbeiten müssen. Gleichzeitig sollten sie ihnen aber auch die Zuversicht vermitteln, dass man die neue Situation gemeinsam, trotz aller Unsicherheit bewältigen wird.

Verlassene Mütter oder Väter sind oft so schwer verletzt oder wütend über den Ex-Partner, dass sie vergessen, dass Kinder *beide* Elternteile lieben. Wenn Eltern ihren eigenen Frust bei ihrem Kind ablassen, den Partner schlechtmachen, fühlen sich die Kinder noch verzweifelter. Sie verstehen gar nicht, warum Papa oder Mama plötzlich böse sein soll. Einige Eltern erwarten sogar, dass ihr Kind Partei ergreift, setzen es unter enormen psychischen Druck und bringen es in einen Loyalitätskonflikt.

In dieser Phase kann es zu weiteren Abschieden und Verlusten kommen: Meist ist eine Trennung auch mit einem Wohnsitzwechsel verbunden. Dann verliert das Kind wieder ein Stück Vertrautheit: seine Wohnumgebung, die Schule, den Kindergarten und vor allem seine Freunde. Manchmal hat das Kind nun auch mehr Verantwortung z. B. im Haushalt zu übernehmen und ist in manchen Situationen viel mehr auf sich gestellt, weil die Mutter gezwungen ist, für den Familienunterhalt zu sorgen.

In der Nachtrennungsphase erleben Trennungskinder ihre Eltern als Einzelwesen. Das Ende der Elterlichkeit bemerken sie darin, dass Vater und Mutter sie nicht mehr gemeinsam erziehen. Die Übergabe der Kinder an den besuchsberechtigten Elternteil verdeutlicht die unabänderliche Trennung besonders schmerzhaft. Nicht selten haben Kinder dabei das Gefühl, dass sie sich zwischen Fronten bewegen – einschließlich der Risiken, die damit verbunden sind.

Sabrina, 18:

„Nur zu gut kann ich mich erinnern, als mich meine Mama mit Tränen in den Augen ansah und zu mir sagte: „Sabrina, Papa und ich werden uns trennen!" Ich hatte es irgendwie schon geahnt, dass sich meine Mutter und mein Vater nicht mehr verstehen. Das konnte man auch nur zu gut hören. Immer diese ständigen Streitereien und diese Tränen. Kein Kind will so etwas wahrhaben. Doch irgendwann kommt die Zeit, wo nichts mehr so sein kann wie früher und sich das ganze Leben verändert. Ich war erst 10. Doch schon mit diesem Alter kann sich das ganze Leben verändern, als würde man schon erwachsen sein und ein neues Leben beginnen.

Nichts ist so, wie es früher einmal war. Alles ist anders. Ich bin in ein tiefes, dunkles Loch gefallen, wie viele andere Scheidungskinder auch. Für mich war immer klar, dass ich bei meiner Mama bleiben würde. Ich hatte immer schon den besseren Bezug zu ihr. Diese Zeit war aber trotz allem sehr schlimm für mich, weil ich mit meiner Mutter in einen anderen Ort umzog, meine Freundinnen verlor, mich von meinen zwei Brüdern trennen musste und meinen Vater nur noch selten sah. Zu dieser Zeit war ich froh, dass ich meine Mutter hatte. Wir haben sehr viel zusammen unternommen und wir waren uns sehr nahe.

Meine Eltern wollten mit Geschenken etwas gutmachen. Es ging mir wirklich gut, und bei meiner Mutter fehlte es mir auch an nichts. Alle hatten das Gefühl, dass es mir wieder besser gehen würde und ich alles gut überwunden hätte.

Als ich dann 13 Jahre alt war, kam der nächste tiefe Fall. Meine Eltern fanden beide neue Partner. Ich konnte einfach nicht verstehen, wie jemand nach einer gescheiterten Ehe schon wieder den Versuch wagt, mit einem anderen eine Beziehung einzugehen. Ich habe meinen Vater und meine Mutter dafür gehasst, wurde hart und schwierig und habe mich isoliert. Ich hatte niemanden mehr, der zu mir stand. Mein Verhältnis zu meinem Papa wurde wirklich schlimm. Wir hatten nur noch Streit. Er war so anders, hatte keine Zeit mehr für mich. Ich war einfach vergessen. Und so vergaß ich auch ihn. Ich hatte keinen Vater mehr. Das Einzige, was mir half, war ein kleines Tagebuch, in dem ich alle meine Gedanken, meine Wut und meine Trauer aufschrieb.“

Gregor, 16:

„Aus eigener Erfahrung kann ich nur sagen, egal wie es Eltern machen, in den Augen der Kinder ist es irgendwie immer falsch!“

Das Kinderbuch von Nina Schindler *„Wenn meine Eltern sich trennen“*[3] ist gut geeignet, um sich in die Seele von Kindern (im Grundschulalter) vor, während und nach der Scheidung einzufühlen. Sie reagieren mit Wut, Angst, Depressionen und Schuldgefühlen. Dieses Bilderbuch ist comicartig aufgemacht und beinhaltet Fragebögen für Eltern und Kinder zur Analyse. Rechte und Wünsche der Kinder werden besprochen und es werden „Verträge", die sie mit ihren Eltern aushandeln können, als Muster vorgegeben. Keinesfalls sollten Kinder dieses Buch alleine lesen. Nur ein gemeinsames Lesen mit einem Elternteil oder mit vertrauten

Personen kann den gewünschten Erfolg bringen, dass Scheidungskinder begreifen, was bei der Scheidung ihrer Eltern passiert.

Wegen der vielen nicht abweisbaren Schäden für Trennungs- und Scheidungskinder fragen sich verantwortungsvolle Eltern, ob sie sich wirklich trennen dürfen. Es ist aber erwiesen, dass es keinen Sinn ergibt, an einer einmal zerrütteten Ehe festzuhalten. Die Atmosphäre eines solchen Zuhauses ist für Kinder Gift.

Wenn sich die Eltern aber zu einer Scheidung durchgerungen haben, dann ist es wichtig, den Kindern in allen Trennungsphasen eine *Stütze* zu sein. Voraussetzung dafür sind ein faires, verlässliches und ehrliches Umfeld und Verständnis für die Gefühle und Reaktionen der Kinder.

Zur Fairness gehört es, den Kindern ein zumindest neutrales Bild von dem abwesenden Elternteil zu vermitteln. Ein verlässliches und ehrliches Beziehungsnetz kann geschaffen werden, indem Großeltern, Freunde und Verwandte – auch die des Ex-Partners – mit einbezogen werden. Zur Ehrlichkeit gehört, dass die Kinder altersentsprechend über die Trennung der Eltern informiert werden. Man kann Kindern erklären, warum Mama und Papa nicht mehr zusammen leben können und dabei betonen, dass daran auf keinen Fall die Kinder schuld sind.

Harald, 54:

„Nach dem Tod meiner Frau versuchte ich, mich wieder neu zu orientieren und lernte eine geschiedene Frau mit einem 9-jährigen Sohn kennen. Für mich war der Sohn willkommen, ich konnte aber nicht ahnen, dass der noch sehr an seinem geschiedenen Papa hing und sich keinen anderen Mann an der Seite seiner Mutter vorstellen konnte. Ich hatte keine Ahnung, warum der Sohn sich renitent und abwehrend verhielt. Am deutlichsten ist mir seine

Ablehnung in der Wohnung seiner Mutter aufgefallen, wo er offenbar das Revier gegen mich, den fremden Eindringling, verteidigte.

Heute weiß ich, dass ein neuer Mann in einer Mutter-Sohn-Beziehung keine Chance hat und auch, dass seine Mutter und ich dieses Kind mit unseren Zukunftsplänen überfordert haben. Wir haben nur an uns gedacht und nicht an die Gefühle dieses Kindes."

Noch vor kurzem vermutete man zwangsläufig Entwicklungsstörungen und Verhaltensauffälligkeiten bei Scheidungskindern. Inzwischen gilt es als gesicherte Erkenntnis, dass weniger die *Familienstruktur* als vielmehr die *Qualität der Beziehungen* der Kinder zu ihren nun getrennt lebenden Eltern und deren jeweiligen Herkunftsfamilien ausschlaggebend dafür ist, ob die Kinder die Chance haben, zu stabilen Persönlichkeiten heranzuwachsen.[4]

Die Qualität der Beziehungen kann eher positiv oder eher negativ sein. Im positiven Fall bleiben nach der Scheidung der Eltern die Beziehungen zwischen den Elternteilen und den Kindern unbelastet und den Kindern bleibt darüber hinaus das Beziehungsnetz aus väterlicher und mütterlicher Familie erhalten. Im negativen Fall führt die Scheidung der Eltern zu einem jahrelangen Krieg nicht nur zwischen den Eltern, sondern auch zwischen den Familien, wodurch die Kinder zwischen die Fronten geraten und auch ihre erweiterte Familie (Opa, Oma, Tanten, Onkel, Cousinen und Cousins) verlieren. Derart belastete Scheidungskinder können unter vielfältigen Symptomen leiden, wie etwa unter psychosomatischen Beschwerden, emotionaler Labilität, Schlafstörungen, Leistungsabfall und Kontaktängsten.

Die Folgen von Scheidung sind für betroffene Kinder verheerend und mindestens so schmerzhaft wie für die Eltern. Ein Großteil der Scheidungskinder ist sogar emotional dermaßen beeinträchtigt, dass sie unter Lern- und Konzentrationsstörungen leiden und oft eine Klasse wiederholen müssen. Insbesondere leiden sie daran, dass ein Elternteil „abwesend" ist.

4. Wie erleben Kinder die Abwesenheit eines Elternteils?

Als „abwesender Elternteil" ist der Elternteil zu verstehen, in dessen Haushalt sich die Kinder zu einem Zeitpunkt *nicht* befinden. Beim alleinigen Sorgerecht leben die Kinder meistens bei der Mutter und leiden darunter, dass sie ihre Väter im Rahmen des Besuchsrechtes nur alle zwei Wochen am Wochenende oder in den Ferien sehen. Auch im Fall des gemeinsamen Sorgerechtes und dem ständigen Wechsel zwischen den Elternhaushalten sehnen sie sich nach dem Elternteil, der gerade nicht anwesend ist.

Sehr treffend zeigte das der Film „Woche für Woche" (ARD, 10. Februar 2010, 20.15-21.45 Uhr), der mit dem Deutschen Fernsehpreis 2009 ausgezeichnet wurde. Es ist ein Film über ein Scheidungskind und sein chaotisches Leben zwischen Mama und Papa:

Felix Weingarten ist sieben Jahre alt und Einzelkind. Seine besorgte Mutter tut alles, um ihren Sohn zu fördern. Sie besorgt ihm eine Therapie gegen seine Rechtschreibschwäche und meldet ihn wegen seiner schlechten Körperhaltung beim Yogakurs an. Sein Vater arbeitet als Alleinverdiener viel in der eigenen Schreinerei. Dann passiert das, was statistisch gesehen in jeder dritten Ehe in Deutschland vorkommt: Felix′ Eltern trennen sich, einvernehmlich, wie sie nie vergessen zu betonen. Aus Gründen der Fairness entscheiden sie sich, eine gerechte Lösung hinsichtlich ihres einzigen Sohnes zu finden. „Woche für Woche" heißt das Modell, nach dem Felix abwechselnd bei seiner Mutter und bei seinem Vater lebt. Was für die Eltern zunächst eine faire, salomonische Lösung ist, bedeutet für den Jungen absolutes Chaos und Orientierungslosigkeit. Zwei materielle Identitäten prallen aufeinander, im Wochenwechsel ist der Junge gezwungen, nicht nur umzuschalten zwischen Mama und Papa, sondern zwischen zwei Kinderzimmern, zwei Betten, zwei Zahnbürsten.

Während sich seine Familie halbiert, verdoppelt sich seine materielle Existenz. Felix erlebt einen wechselvollen Alltag in verschiedenen Milieus: Bei der Mutter lebt er in bevorzugter Wohngegend in einem schönen Jugendstilhaus, bei seinem Vater in einem wenig repräsentativen Wohnviertel mit hohem Ausländeranteil, wo er aber Carem kennenlernt, einen Jungen aus einer türkischen Großfamilie mit zahlreichen Geschwistern, Cousins und Cousinen. Dort ist immer etwas los und Felix fühlt sich nicht mehr allein.

Während Felix immer noch hofft, dass seine Eltern wieder zusammenfinden, sehen gerade diese sich mit immer größeren Problemen konfrontiert. Sein Vater stößt schnell an seine Grenzen, als er versucht, Beruf und Kindererziehung unter einen Hut zu bekommen. Yoga- und Legasthenietermine fallen öfter aus und statt Vollwertkost gibt es eher mal Pizza, was seiner Ex-Frau natürlich gar nicht gefällt: Ein Psychotherapeut soll die Trennung des Elternpaares begleiten, damit der Sohn keinen Schaden davonträgt, aber gerade in der Therapiestunde verschärft sich der Machtkampf der Eltern durch gegenseitige Schuldzuweisungen.

Der Film zeigt, dass die Eltern zwar das Beste für ihr Kind wollten, Felix aber mit der Situation, Woche für Woche bei dem einen oder anderen Elternteil zu leben, überfordert war. War er bei der Mutter, hatte er Heimweh nach seinem Vater, war er bei seinem Vater, hatte er Heimweh nach seiner Mutter. Felix kam mit seinen getrennt lebenden Elternteilen nicht gut zurecht und empfand es als Defizit, seine Eltern nicht mehr gleichzeitig zu haben.

Der kleine Felix hat theoretisch zwei „Zuhause" und deshalb gar keins, weil er weder hier noch dort so richtig Wurzeln schlagen kann. Das „Zwei-Zuhause-Modell" ist bei Psychologen umstritten.[5]

Aber es gibt auch Kinder, die sich durchaus in zwei Familien zu Hause fühlen und keine Probleme mit ihrer „Doppelresidenz" haben. Positive Beispiele habe ich in dem Ratgeber *„Glückliche Patchworkkinder – Zuhause in mehreren Familien"*[6] beschrieben. Während manche Kinder nach der Scheidung ihrer Eltern zwei Zuhause haben und sich beide Elternteile regelmäßig um sie kümmern, haben andere Scheidungskinder nicht selten den Verlust eines Elternteils – in der Regel des Vaters – zu verkraften. Nur wenige aller geschiedenen Väter kümmern sich regelmäßig um ihre Kinder und nicht alle Scheidungskinder bleiben in Kontakt mit dem abwesenden Elternteil.

Manche Kinder interpretieren das Desinteresse ihres abwesenden Elternteils an ihnen so, als ob sie nichts wert und nicht liebenswürdig seien. Solche Gefühle werden verstärkt, wenn der abwesende Elternteil keinen Unterhalt zahlt oder sein Umgangsrecht nicht wahrnimmt, häufig Besuche absagt oder zu den vereinbarten Terminen nicht erscheint.

Viele Konflikte, in die Kinder mit hineingezogen werden, beziehen sich auf Unterhaltszahlungen, die gar nicht oder nur unregelmäßig geleistet werden. Das kann dazu führen, dass die Mutter ihre Enttäuschung und Verbitterung bei den Kindern ablädt und sie als Klagemauer missbraucht.

Insa, 32:

„Ich bin ein Scheidungskind, inzwischen 32 Jahre alt und beginne ganz langsam damit, mich selbst anzunehmen und mein Leben auf eigene Beine zu stellen.

Jahrelang habe ich mich vergeblich nach der Liebe meiner Eltern gesehnt, aber meine Eltern waren zu sehr mit sich selbst und ihren Scheidungsauseinandersetzungen beschäftigt, und insofern unfähig, meine Bedürfnisse wahrnehmen zu können.

Nach der Scheidung erfolgten verspätete Ehekriegsspiele ohne Ende. Alles drehte sich um den Unterhalt, den mein Vater für mich zu zahlen hatte, aber gar nicht oder nur unregelmäßig zahlte. Meine Mutter ließ mich einen Brief an meinen Vater schreiben wegen des nicht geleisteten Unterhaltes. Ich weiß nicht, was genau ich da schreiben sollte, für mich klang es so, als ging es nur um eine Bescheinigung. Ich war aufgeregt, denn schließlich hatte ich seit Jahren nichts von ihm gehört.

Eines Tages war ein Brief von meinem Vater im Briefkasten. Ich zitterte vor Aufregung am ganzen Körper und hatte Schmetterlinge im Bauch. Mein Papa hatte geschrieben, „weiß ich nun endlich, wessen Geistes Kind du bist". Das ist der einzige Satz, an den ich mich erinnere. Immer wieder klingt er nach, ich sehe noch die schwarze Tinte auf dem weißen Papier und kann noch heute den Schmerz fühlen, der mir dabei die Tränen in die Augen schießen ließ. Meine Mutter tröstete mich, um dann wieder auszuholen und mir davon zu erzählen, wie grausam dieser Mensch zu ihr gewesen war, dass er mich nie wollte, weil ich ein Mädchen war, dass nur Jungs etwas für ihn zählten. Sie erzählte stundenlang, immer und immer wieder. Mein Gefühl starb dabei. Ich durfte nicht traurig sein. Bis heute weiß ich nicht, was in diesem Brief an meinen Vater gestanden haben muss, was ihn so wütend hat werden lassen. Zwischendurch gab es gelegentlich Kontakt zu meinem Vater, der aber immer abbrach, wenn ich mich nicht mehr meldete. Er selbst meldete sich nie. Und ich tat es dann irgendwann auch nicht mehr."

Tina, 36:

„Ich bin selbst Scheidungskind. Meine Eltern ließen sich scheiden, als ich neun Jahre alt war. Ich habe sehr unter der Abwesenheit meines Vaters gelitten. Ich habe erlebt, dass die wenigsten geschiedenen Väter sich umfassend um ihre Kinder kümmern. Bei einigen meiner Freundinnen habe ich das auch beobachten können. Meistens sind es die Mütter, denen alles überlassen wird.

Vor einiger Zeit befragte ich meinen Vater, warum er sich kaum um mich gekümmert habe. Seine Antwort: „Ich hatte eine neue Familie."

So oder ähnlich verhält sich auch mein Freund, der Vater meines Sohnes, seit unserer Trennung.

Auf eine Mitverantwortung bei Betreuung und Erziehung lassen sich Männer kaum ein. Auch bei Freunden und Bekannten sehe ich diesen Zustand oft.

Für mich steht das Wohl meines Sohnes im Mittelpunkt. Er liebt seinen Vater bedingungslos. Zurückweisungen schluckt er und leidet. Leider kann man niemanden zur Liebe zwingen. Doch wenn man seinen Kindern täglich in die Augen sieht, ihnen zuhört und mit ihnen ist, merkt man, wie sehr ihnen diese Liebe fehlt. Sie brauchen einfach beide – Mama und Papa. Und jede Geste, jedes Wort, jede Berührung und Zuwendung saugen sie auf. Ich wünschte mir sehr, dass die Väter kämpfen würden, um jede Sekunde mit ihnen."

Es ist ein großer Verlust für Kinder, deren Väter „abtauchen" und sich ihrer Verantwortung entziehen, denn Kinder brauchen Mütter *und* Väter. Der Gesetzgeber hat das erkannt und überträgt im Regelfall beiden Eltern das gemeinsame Sorgerecht, damit sie – trotz gescheiterter Beziehung – gemeinsam zum Wohle des Kindes kooperieren.

Im neuen Kindschaftsrecht ist die *gemeinsame elterliche Sorge* und Verantwortung verankert, d. h., Väter und Mütter behalten als Eltern das gemeinsame Sorgerecht und auch die gemeinsame Sorgepflicht für ihre Kinder (s. Anhang: „Neufassung des Kindschaftsrechtes" Seite 139).

Nur dann, wenn Eltern völlig zerstritten sind und um alles prozessieren, wird einem Elternteil das alleinige Sorgerecht übertragen, während der andere Elternteil das Besuchsrecht erhält. Es gibt aber auch Fälle, in denen das gemeinsame Sorgerecht nicht durchführbar ist, weil z. B. der Vater monatelang auf Montage im Ausland arbeitet. Dann wird aus Zweckmäßigkeitsgründen das alleinige Sorgerecht der Mutter übertragen.

Für ein Kind bedeutet es aber auch den schmerzlichen Verlust eines abwesenden Elternteils, wenn ihm dieser durch den anwesenden Elternteil entfremdet wird. Nicht selten versucht der anwesende Elternteil den anderen aus dem Leben des Kindes auszugrenzen und es kommt zur Entwicklung eines PAS-Syndroms[7] („Parental Alienation Syndrome" – PAS – Elterliches Entfremdungs-Syndrom) beim Kind: Es spaltet seine Eltern in einen geliebten (guten) und einen angeblich gehassten (schlechten, bösen) Elternteil auf.

Bei der Entfremdungsproblematik werden Kinder von einem Elternteil – meistens der Mutter – instrumentalisiert. Solche

Mütter versuchen, ihren Ex-Mann zu strafen oder sich an ihm zu rächen. Diese Frauen betrachten ihre Kinder als ihr persönliches Eigentum, über das sie die alleinige Verfügungsgewalt anstreben. Sie programmieren (bewusst oder unbewusst, offen oder getarnt) das Kind gegen den Ex-Partner.

Da sich Kinder normalerweise mit dem Elternteil identifizieren, bei dem sie leben und von diesem abhängig sind, übernehmen sie auch dessen Bedürfnisse und Emotionen. Der ehemals geliebte Vater wird plötzlich abgelehnt, weil die Mutter es so will und weil das Kind nicht riskieren kann, den Zorn oder die Enttäuschung der Mutter auf sich zu ziehen. Meist wird dann ohne Überprüfung der Umgang mit dem Vater für diese Probleme verantwortlich gemacht und nicht die Programmierung durch die Mutter und deren Umgangsboykott. Die gängige Argumentation ist, *„Es muss Ruhe einkehren"* oder es wird sogar eine Umgangspause verordnet, in der sich die Entfremdung dann fast automatisch vollzieht. Wenn danach Kontaktprobleme zwischen Vater und Kind entstehen, werden diese wiederum dazu benutzt, den Umgang weiterhin zu vereiteln.

Dazu ein Beispiel:
Claras Eltern sind geschieden. Die Achtjährige lebt bei ihrer Mutter. Obwohl beide Eltern das Sorgerecht haben, bekommt der Vater seine Tochter so gut wie gar nicht mehr zu sehen. Die ersten Monate nach der Scheidung war zunächst alles gut gelaufen. Clara besuchte ihren Vater regelmäßig und kehrte fröhlich von den gemeinsamen Wochenenden zurück. Doch dann fielen ihre Treffen immer häufiger aus: Mal war sie krank, mal auf einer Sportveranstaltung, mal bei einem Kindergeburtstag. Schließlich erfährt der Vater, dass Clara sich weigert, ihn zu besuchen.

Wenn ein Kind seine Bedürfnisse hinsichtlich des abgelehnten Elternteils nicht mehr äußert, bedeutet das nicht, dass es ihn nicht (mehr) lieb hat. Seine Liebe für den Vater oder die Mutter besteht weiter, wird aber verleugnet, um den manipulierenden Elternteil nicht zu verlieren. Auch beim Kind ist Angst ein wesentlicher Faktor für das Entstehen des Syndroms. Dem Kind fehlt die Freiheit, auch den abgelehnten Elternteil lieben zu dürfen. Damit wird dem Kind die Grundvoraussetzung für die eigene gesunde Persönlichkeitsentwicklung entzogen. Der Verlust der zweiten Elternbeziehung hat Identitäts-, Selbstwert-, Bindungs- und Beziehungsprobleme zur Folge.

Es ist Fakt, dass das Engagement vieler Väter für ihre Kinder nach der Scheidung kontinuierlich abnimmt. Ein Grund für den Rückzug der Väter ist auch, dass sie den Kontakt zu den Kindern reduzieren, um Streit mit der geschiedenen Frau zu vermeiden.

Viele Kinder entwickeln Mitleid mit dem getrennten Vater und verbünden sich mit ihm, wodurch sie in einen *Loyalitätskonflikt* geraten können. Andererseits verwöhnen Scheidungsväter oft aus Schuldgefühlen ihre Kinder und setzen ihnen keine klaren Grenzen, wo diese gefragt wären.

Nach einer Scheidung zerfällt das einstige familiäre Gefüge. Die Rollen müssen neu verteilt und besetzt werden. Geschiedene Eltern versuchen aus Schuldgefühlen heraus nach der Trennung eine besonders intensive Bindung zu den Kindern herzustellen, indem sie den Kindern ein besonderes, partnerschaftliches Verhältnis anbieten oder sie fallen in das andere Extrem, indem sie ihre Kinder überbehüten.

Psychologen meinen, dass der Tod eines Elternteils für die Entwicklung eines Kindes nicht so schlimm sei wie eine Scheidung.[8] Echte Halbwaisen seien in der Lage, sich mit dem unwiderruflichen Schicksalsschlag abzufinden und Gegenkräfte zu entwickeln, Scheidungskinder hingegen hätten Schwierigkeiten, zu begreifen, dass das geliebte Wesen noch existiert, aber den Kontakt abbricht oder stark reduziert. Von Bedeutung ist also weniger, dass ein Elternteil fehlt, sondern *warum* er fehlt.

Wenn man weiß, wie viel Kummer und Verzweiflung eine Scheidung oder der Tod für den verlassenen bzw. hinterbliebenen Partner und die betroffenen Kinder bewirken, erscheint es nicht nur verständlich, sondern wünschenswert, wenn nach Wegen gesucht wird, aus dem „Tal der Tränen" herauszukommen und dem Leben einen neuen Sinn zu geben.

II

Kehrtwende – Dem Leben eine neue Richtung geben

Eine neue Richtung einschlagen, heißt sich neu zu orientieren. Um sich aber neu orientieren zu können, ist es notwendig, den Verlust durch Trennung, Scheidung oder Tod wirklich verarbeitet zu haben.

1. Die Verarbeitung des Verlustes als Voraussetzung zur Neuorientierung

Trennungskrisen lösen Hass und Verzweiflung aus. Wie aber kommt man über diese destruktiven Gefühle hinweg? Im vorausgegangen Abschnitt (Seite 14) ist bereits ausgeführt worden, wie wichtig es dafür ist, *Trauerarbeit* zu leisten.

Aber viele Menschen sind sich der „Phasen des Trauerprozesses" nicht bewusst und ignorieren, dass ein wirklicher Neubeginn die Verarbeitung des Verlustes voraussetzt.

Erstmals in Deutschland wurde erforscht, wie sich Betroffene nach Trennung oder Scheidung zurechtfinden. Die Uni Bielefeld[9] stellte in Untersuchungen fest, dass Frauen im Hinblick auf ihr Wohlbefinden nach einer Trennung besser abschnitten als ihre Ex-Ehemänner. Getrennt lebende Frauen sahen danach mehr Vorteile in der Scheidung als ihre ehemaligen Ehemänner und sie seien nach der Trennung auch zufriedener mit ihrem Leben als die Männer. Frauen fiel offenbar die Anpassung an die Situation nach der Trennung, trotz schwieriger Lebensumstände, leichter.

Auf subjektiver Ebene kann also zumindest teilweise von einer

Verbesserung der Lebenssituation gesprochen werden, nicht zuletzt deshalb, weil die Frauen die Trennung als Chance wahrnehmen, die gescheiterte Ehe hinter sich zu lassen und in stärkerem Maße sich selbst zu verwirklichen. In diesen Zusammenhang passt auch die Beobachtung, dass zwei Drittel der befragten geschiedenen Frauen angeben, die Trennung sei von ihnen ausgegangen.

Wie unterschiedlich Trennungen verarbeitet werden, zeigen folgende Beispiele:

Bruno, 58:

> *„Ich sehe meine Ex-Frau jeden Tag, weil sie ihr Pferd auf der Koppel gegenüber meinem Haus hat. Wir sprechen aber nicht miteinander, seit 15 Jahren nicht."*

Günter, 55:

> *„Ich freue mich darüber, dass es mir gelungen ist, zu meiner Ex einen entspannten, freundschaftlichen Umgang zu haben. Irgendwie habe ich sie nach unserer Scheidung wie meine jüngere Schwester behandelt. Wann immer sie irgendwelche Probleme hatte, sie kam und besprach immer alles mit mir."*

Deutsche Forscher kamen in zwei voneinander unabhängigen Langzeitstudien auf ähnliche Ergebnisse hinsichtlich der Folgen von Scheidungen:

Die Familiensoziologin Napp-Peters hat zwölf Jahre nach einer ersten Befragung im Jahre 1980/81 300 Geschiedene erneut befragen wollen und stieß dabei auf unerwartete Schwierigkeiten: Sieben der ehemals 150 befragten Männer hatten sich umgebracht, drei weitere waren aus der Bahn geraten: Gefängnis,

Psychiatrie oder Obdachlosenheim.[10]

Selbst 15 Jahre nach ihrer Scheidung präsentierten ehemalige Ehepartner sich als Opfer: als „misshandelte Frau" oder als „zu Unrecht verlassener Mann". Nach Feststellung der Forscherin seien im Laufe der Jahre feindselige Einstellungen verfestigt und Persönlichkeiten verändert worden. Andere Geschiedene jedoch lebten harmonisch in neuen Partnerschaften und pflegten dabei noch freundschaftliche Kontakte mit dem „verflossenen" Partner. Das lässt die Frage aufkommen, wer durch eine Trennungskrise gestärkt, wer dagegen gebrochen zurückbleibt.

Ulrich Schmidt-Denter, Psychologieprofessor in Köln, und sein Mitarbeiter Wolfgang Beelmann befragten im Jahre 1995 sechzig Scheidungspaare in verschiedenen zeitlichen Abständen: durchschnittlich 10, 25 und 40 Monate nach der Trennung.[11] Die Männer gaben an, am stärksten unter der Trennung von den Kindern und unter finanziellen Problemen zu leiden, jedoch weniger unter der Trennung von der Ex-Frau. Die Frauen zeigten sich sensibler, was den Verlust des Partners betraf und erlebten häufiger Symptome einer starken psychischen Belastung.

Unterschiede gab es auch in der Art und Weise, wie mit den Sorgen umgegangen wird: 26 Prozent der Untersuchten verdrängten die Schwierigkeiten. Männer besitzen offensichtlich ein Patentrezept gegen Trennungsfrust: Eine Freundin muss her. Schon zehn Monate nach der Trennung hatten sich 77 Prozent eine neue Partnerin zugelegt.

Geschiedene Frauen brauchen demgegenüber oft Jahre, bis sie für eine neue Partnerschaft bereit sind. Nur knapp jede zweite hatte nach 40 Monaten einen neuen Partner gefunden.

Napp-Peters stellte fest, dass die Hälfte der nicht sorgeberechtigten Väter und Mütter mit ihrem Leben unzufrieden war. Einige hätten sogar unter Einsamkeit und Entfremdung von ihren Kindern gelitten, andere hätten sich vom Leben betrogen gefühlt und seien am Ende enttäuscht und verbittert gewesen. Aus der Studie von Napp-Peters war abzulesen, dass die Verarbeitung der gescheiterten Ehe einen entscheidenden Einfluss auf die nachfolgenden Jahre, gar Jahrzehnte hat. Diejenigen, die einen erbitterten Scheidungskrieg geführt hatten und sich als Opfer des bösen Partners sahen, waren am Ende weder willens noch fähig, sich auf einen neuen Menschen einzulassen.

Das heißt, ein befreiter Neuanfang ist nicht möglich, ohne die negativen Emotionen zu überwinden, die eine Trennung begleitet haben.

Maria, 42:

„Auch ich bin seit einem halben Jahr getrennt – nach 18-jähriger Beziehung, die durchgängig eher schwierig als entspannt war. Dennoch hatte ich immer das Gefühl, es zu schaffen und die Beziehung erhalten zu können. Die Trennung ging von meinem Mann aus, ich reagierte gleichzeitig mit Erleichterung und mit Trauer. Es ist wirklich schwer, sich ein neues Leben aufzubauen, wenn man eine so lange Zeit mit einem Partner verbracht hat. Es gibt viele Erinnerungen und Berührungspunkte. Es fühlt sich an wie ein Stoffgeflecht, das mit Gewalt auseinandergerissen wird. Mein Ex-Mann ist nach kurzer Zeit schon bei seiner neuen Freundin eingezogen. Ich versuche, mein altes Leben weiterzuleben. Nichts hat sich geändert: Ich wohne in der alten Umgebung, kaufe wie gewohnt ein, treffe mich mit Nachbarn und Freunden etc. – nur innerlich ist alles verändert. Was hilft? Viele Gespräche, Therapie, Abstand, Sport, sich Gutes gönnen, Ratgeber lesen, Tagebuch schreiben, kochen, sich verwöhnen, sich in die Arbeit stürzen.

Mir geht es besser als in den Monaten, die der Trennung vorausgingen, in denen ich wirklich sehr verzweifelt war.

Wenn ich Sehnsucht nach dem Ex bekomme, lese ich mir meine Tagebücher aus der Vortrennungszeit durch und weiß dann wieder, dass es eine gute Entscheidung war. Ich werde mir bewusst, wie gut ich es jetzt habe: Es ist niemand mehr da, der mich kleinzukriegen versucht, kein Machtkampf mehr, kein Stress. Ich mache alles, was mir guttut, muss aber wohl damit leben, dass dieser schmerzhafte Trennungsprozess seine Zeit braucht."

Frauen finden eher Trennungsunterstützung, z. B. durch eine Freundin, der sie sich öffnen und anvertrauen. Männer neigen eher dazu, alles mit sich allein auszumachen oder zu verdrängen. Grundsätzlich ist festzustellen, dass Männer und Frauen unterschiedlich mit dem Verlust ihres Partners umgehen:

Frauen konfrontieren sich mit ihren Gefühlen und suchen sich häufig Hilfe von außen, z. B. in einer Selbsthilfe- oder Trauergruppe. Obwohl sie länger trauern, scheinen sie das „starke Geschlecht" zu sein. Sie erkennen und genießen nach angemessener Trauerzeit ihre neuen Möglichkeiten, ihre Freiheit und Unabhängigkeit. (Denken Sie an die Operette „Die lustige Witwe"!)

Männer neigen dazu, ihre Trauer zu ignorieren, leiden deshalb auch häufiger unter psychosomatischen Störungen. Besonders ältere Männer, die durch Scheidung oder Tod verlassen wurden, kapseln sich häufig vom sozialen Leben ab, verwahrlosen, vernachlässigen ihre Gesundheit und ruinieren sich durch übermäßigen Alkoholkonsum. Jüngere Männer suchen in dieser Zeit Ablenkung in ihrer Arbeit, teilweise in exzessiver Weise (Workaholic).

Jeder, der einen Verlust durch Trennung, Scheidung oder Tod hinnehmen musste, wünscht sich ein Ende der Zeit der Trauer und Einsamkeit, er sehnt sich nach einem unbeschwerten Leben. Hierzu ist ein *Neuanfang* Voraussetzung. Es stellt sich die Frage, wie ein solcher Neuanfang gelingen könnte:

Trennungen verunsichern und erschüttern das Selbstwertgefühl. Da wir nicht einfach so weiterleben können wie bisher, müssen wir das *Bewusstsein für die eigene Kompetenz und Wertigkeit* neu entwickeln und uns *neue Lebensziele* setzen.

Wer es allein nicht schafft, seine Trennung zu bewältigen, der kann sich dabei professionell unterstützen lassen. Adressen finden Sie im Anhang.

Der Roman *„Späte Familie"*[12] von Zeruya Shalev behandelt das Scheitern einer Ehe und den Neuanfang in einer neuen Ehe. Das Scheitern einer Ehe ist oftmals eine langsame, schleichende Angelegenheit. In dem Roman beschließt eine Frau, diesem quälenden Prozess, der einer allmählichen Vergiftung gleicht, ein jähes Ende zu setzen. Von einem Tag auf den anderen beschließt sie, sich von ihrem Mann zu trennen und bittet ihn, die Wohnung zu verlassen. Sie bleibt zurück mit ihrem gemeinsamen Kind und gerät übers Grübeln ins Zweifeln. Der Roman behandelt eine Trennungskrise einer selbständigen, selbstbewussten Frau. Die lang ersehnte Freiheit schien nun endlich da zu sein – stattdessen findet sie sich konfrontiert mit einer lähmenden Angst vor der großen Einsamkeit, mit Depressionen und dem furchtbaren Gefühl, ihrem Kind den Vater, die Familie genommen zu haben. Anrührend ist auch die Erkenntnis, dass man einen Menschen, mit dem einen das eigene Kind verbindet, nie wirklich verlassen kann. Die Fäden des gemeinsamen Schicksals bleiben auf immer verknüpft. Der Roman *„Späte Familie"* handelt vom Zerfall einer Ehe, von einer dramatischen Krise und einem daraus folgenden Erneuerungsprozess. Die Frau findet eine neue Liebe, einen geschiedenen Mann mit Kindern. Der Roman zeigt nun, wie sich ein neues, höchst kompliziertes Familiengebilde formiert, auf dem viele Hoffnungen ruhen und das dennoch auf lange Zeit eine empfindsame, zarte Pflanze bleibt, deren Überleben keinesfalls gesichert ist.

Wer ein neues Leben nach der Scheidung beginnen möchte, muss *geduldig* abwarten, bis er wieder frei für Veränderungen ist. Wenn es so weit ist, gibt man bereitwillig seine, für die Trauerarbeit notwendige Isoliertheit auf und begibt sich aus dem Schutz des Schneckenhauses heraus wieder unter Menschen. Schlechter als Frauen gelingt das Männern, die dann dazu neigen, sich in ihrem Beruf zu vergraben. Außerdem sind sie deshalb in einer schlechteren Lage, weil sie die Kontaktpflege zu Bekannten und Verwandten oft ihrer Frau überlassen haben. Nach der Scheidung stehen sie vor einer doppelten Misere. Gelingt es ihnen nicht, ihre Isolation zu überwinden, droht ihnen häufig eine gefährliche Kettenreaktion: Alkoholismus, Jobverlust, Obdachlosigkeit.

Nicht immer bringen Menschen nach einem Verlust ihres Partners die *Geduld* auf, ihren Trauerprozess zu Ende zu bringen, bevor sie sich in eine neue Partnerschaft begeben. Das hängt sicherlich davon ab, in welchem *Alter und in welcher Lebenssituation* man sich befindet. Ein junger, voll im Beruf stehender Witwer mit drei kleinen Kindern wird sicherlich schneller dafür sorgen müssen, eine Partnerin zu finden als ein verwitweter Rentner.

Unabhängig vom Alter und der Lebenssituation gibt es aber auch Verwitwete (vor allem Männer), die sich bereits wenige Monate nach dem Tod des Partners wieder neu binden. Oft ist dieses Verhalten in der Angst vor dem Alleinsein begründet und nicht etwa darin, dass sie weniger trauerten.

Ingo, 46:

„Obwohl das niemand verstehen kann, habe ich bereits sechs Monate nach dem Tod meiner Ehefrau wieder geheiratet. Meine jetzige Ehefrau, ebenfalls verwitwet, lernte ich per Internet unter www.verwitwet.de kennen. Die große Leere nach dem Verlust meiner Frau und die Sorge um unsere beiden Kinder (14 und 12) haben mich zu diesem Schritt veranlasst. Zu einer vollständigen Familie gehören Mutter und Vater. Das wollte ich für die Kinder schnell erreichen und für mich natürlich, damit ich diese Einsamkeit überwinde. Ich habe mich mit meiner verstorbenen Frau im Krankenhaus unterhalten, was sein wird, wenn sie tot ist. Die Lösung, die wir gefunden haben, war, dass ich so möglichst bald wieder ein gutes und schönes Umfeld für die Kinder und mich finden sollte. Meine neue Ehefrau, die ebenfalls verwitwet ist, und ich wissen, dass keiner von uns beiden die Trauer des anderen verdrängen kann. Trotzdem tun wir alles dafür, um unserem Glück eine neue Chance zu geben."

Viele, vor allem diejenigen, die eine solche Situation noch nie erlebt haben, rümpfen die Nase über eine schnelle Neuorientierung. Ich selbst finde nichts Anstößiges daran, wenn sich jemand wieder eine Schulter zum Anlehnen sucht, um wieder ins Leben zurückzufinden. Diese Frage muss wohl jeder für sich entscheiden.

Doris, 49:

„Ich weiß, dass Frauen anders trauern als Männer, vor allem länger und sich so schnell keinen anderen Mann an ihrer Seite vorstellen können. Ich habe meinen Mann nach 27 glücklichen gemeinsamen Jahren im vergangenen Novem-

ber durch einen tragischen Unfall verloren. Auch ich leide darunter, allein zu sein, aber ich könnte es mir einfach nicht vorstellen, es würde ein anderer Mann im Bett meines verstorbenen Mannes liegen oder in seinem geliebten Garten wuseln. Ich weiß nicht, wie lange ich brauchen werde. Von schwarzer Kleidung halte ich auch nichts, denn ich trage die Trauer in meinem Herzen und in meinem Kopf. Mein Mann wollte auch nicht, dass ich Schwarz zu seiner Beerdigung trüge. Er sagte immer: „Schwarz steht dir nicht, es macht dich zu blass." Wenn ich nur daran denke, kommen mir schon wieder die Tränen."

Kai, 45:

„Meine Frau starb an Krebs und nur vier, fünf Monate danach suchte und fand ich eine neue Partnerin in der Hoffnung, dass diese mir bei meiner Trauer behilflich sei. Aber ich habe irgendwann gespürt, dass ich sie mit meiner Erwartung überfordert habe und sie irritiert auf meine unkontrollierten Trauerattacken, die mich gelegentlich überkamen, reagierte. Heute weiß ich, dass es zwar ein hoffnungsvolles Gefühl ist, wieder einen Menschen zu haben, mit dem das Leben weitergehen kann. Durch das Tal der Trauer hindurch muss man allerdings allein."

Bei der überhasteten Suche nach einem neuen Partner wird ignoriert, dass man reif für eine Neuorientierung sein sollte, und dass sich dieser Zustand nicht „übers Knie brechen lässt", sondern Ergebnis eines zeitaufwendigen Prozesses ist.

2. Die Phasen der Neuorientierung

Wie bei dem Trauerprozess werden bei dem *Prozess der Neuorientierung* verschiedene *Phasen* durchlaufen:

1. Phase: Ich genieße meine grenzenlose Freiheit

In allem, in dem ich mich bisher eingeengt fühlte, spüre ich Nachholbedarf. Ich genieße die positiven Seiten meiner Trennung. Ich verspüre eine große Erleichterung, erlebe aber gleichzeitig Reduzierungen durch Halbierung des Lebens. Um diese enormen Lebensumstellungen bewältigen zu können, unterliege ich mitunter starken Stimmungsschwankungen, die zu jeder Trennung und Ablösung gehören. Je besser ich darüber informiert bin, desto leichter fällt mir der Umgang damit. Ich genieße meine Freiheit und unternehme alles, was ich schon immer mal tun wollte.

2. Phase: Ich verwöhne mich – ich bin gut zu mir

Die Wiedererlangung von Freiheit, Unabhängigkeit und Lebensfreude ist besonders für Menschen von großer Bedeutung, die durch ihre Partner in ihrer Entwicklung sehr eingeschränkt waren. Für mich ist es wichtig, zu erkennen, worauf ich alles verzichtet habe, wie sehr ich mich selbst vernachlässigt habe.

In dieser Phase kommt es darauf an, mich zu verwöhnen und gut zu mir zu sein, denn nur, wer die Fähigkeit besitzt, sich selbst Gutes zu tun, kann Energien und Kraftquellen tanken. Ich beweise mir, dass es auch lohnenswert ist, mir *allein* ein tolles Essen zu kochen, an einem fein gedeckten Tisch zu essen, mir Blumen zu kaufen oder mich mit einer CD zu verwöhnen, denn ... *„wer nicht genießt, wird ungenießbar!"*

3. Phase: Ich gebe meinem Leben eine neue Struktur

Um nicht an Wochenenden ins tiefe Loch zu fallen, plane ich Wochenenden und Feiertage. Die Vorfreude auf ein lohnendes Ziel erleichtert die Arbeitswoche. Ich frische alte Freundschaften auf und ersetze alle Gewohnheiten, die mich an meinen Ex-Partner erinnern. Z. B. gehe ich bewusst nicht mehr in den gleichen Geschäften einkaufen, in denen ich früher mit meinem Partner einkaufte und meide die Restaurants, die wir gemeinsam besuchten. Ich verkneife es mir, das Lieblingsessen meines „Ex" zu kochen und suche neue Hobbys, Freunde, Freizeitaktivitäten, Vergnügungen, Urlaubsziele und Hotels, um mich innerlich von meinem Ex-Partner zu lösen. Wichtig sind mir alle Dinge, die mich bereichern, begeistern und weiter entwickeln. Die Liste der Tätigkeiten, die ich gern tue, die aber immer aufgeschoben wurden oder durch Notwendigeres ersetzt wurden, ist lang und hält mich noch lange Zeit in Bewegung. Trotz allem erlebe ich aber auch, dass die Umstrukturierung meines Lebens mich gelegentlich verunsichert.

4. Phase: Ich mache eine Bestandsaufnahme, setze mir neue Ziele und lerne, eigene Entscheidungen zu treffen

Zur Neuorientierung gehört eine schonungslose Bestandsaufnahme mit der Frage *„Wo stehe ich und wohin möchte ich?"* Aber wer weiß schon immer so ganz genau, was und wohin er will? Das Bedürfnis, von einem anderen Menschen das Gefühl zu bekommen, ein liebenswerter Mensch zu sein, führt nicht selten zu flüchtigen Affären. Selbstverständlich hat ein jeder das Recht, sich nach einer langen Partnerschaft auch sexuell zu verwirklichen und es zu genießen, begehrt und attraktiv gefunden zu werden. Doch eine neue Liebe braucht Zeit. Deshalb ist es wichtig, mir darüber klar zu werden, was ich möchte, *eine unverbindliche oder eine feste Partnerschaft?*

Ein Ziel zu erreichen, ob beruflich oder privat, ist oft anstrengend und ein hartes Stück Arbeit. Voraussetzung für das Gelingen ist eine Auseinandersetzung mit den eigenen Stärken und Schwächen, ist das Aufgeben alter Gewohnheiten und das ist alles andere als bequem. Deshalb schrecken auch so viele Menschen davor zurück, Wesentliches in ihrem Leben zu verändern.

Als ich noch zu zweit war, konnte ich mich bei allen *Entscheidungen* auf meinen Partner verlassen. Jetzt, als Single, habe ich niemanden mehr, mit dem ich mich beraten könnte, und auch die Verantwortung dafür, ob etwas klappt oder nicht, lastet allein auf mir. Ab jetzt muss ich alles selbst in die Hand nehmen! Anfänglich ertappe ich mich bei dem Versuch, mich vor Entscheidungen zu drücken und auch vor der damit verbundenen Verantwortung. Ich lerne aber bald, bei Dingen, die Neuland für mich sind, fachkundige Beratung einzuholen. Ich lasse mir alles zeigen und will auch alles lernen, um es allein zu können. Ich will autark sein! Das vermittelt mir innere Freiheit und das tolle Gefühl, mein Leben unter Kontrolle zu haben und eigenständig gestalten zu können.

Aufgaben zu übernehmen, die früher vom Partner erledigt wurden, ist eine besondere Herausforderung. Das ist oft mit einem schwierigen Lernprozess verbunden. Ich lerne es, mich zum ersten Mal allein mit Versicherungen, Wertpapierdepots, der Steuererklärung und finanziellen Transaktionen zu befassen, was zuvor zum Ressort des Partners gehörte. Aber nach einiger Zeit klappt es meistens ganz gut und das gibt mir das befriedigende Gefühl, autark und unabhängig zu sein.

5. Phase: Ich verlasse meine Isolation und wende mich wieder dem Leben zu

Mit der Entscheidung, das Schneckenhaus, in das ich mich verletzt zurückgezogen habe, wieder zu verlassen, um mich dem Leben mit all seinen Freuden und Herausforderungen wieder zuzuwenden, ist die Wende hergestellt. Jetzt empfinde ich Freunde als etwas Wunderbares. Sie bereichern mich und helfen mir, den Alltag zu bewältigen. Sie sind wichtig für mein seelisches Gleichgewicht. Am Ende einer Partnerschaft stelle ich fest, dass ich meine Freunde ganz schön vernachlässigt habe. Mein Vorsatz steht fest: *„Das muss ab jetzt anders werden!"*

Wie für die Phasen des Trauerprozesses gilt auch hier: Die Phasen der Neuorientierung können sich überlagern und unterschiedlich lange dauern.

Darüber hinaus können sich auch Trauerprozess und Neuorientierung überlappen, wie folgendes Beispiel zeigt:

Silvia, 41:

„In meiner Freundin hatte ich nach meiner Scheidung eine große Hilfe. Wann immer ich im Stimmungstief war, stand sie mir als Klagemauer und realistische Beraterin zur Verfügung. Sie hat mir immer klargemacht, dass ich mich wieder um mich und meine Bedürfnisse kümmern muss, dass ich lernen muss, die Scheidung als unabänderlich zu akzeptieren und mir die vielen Vorzüge meines neuen Lebens bewusst gemacht. Sie hat mich davon überzeugt, wie wichtig es gerade in der Krise des Trennungsschmerzes ist, sich selbst etwas Gutes zu tun und liebevoll mit sich selbst umzugehen. Dazu zählte auch, mir meine Wohnung gemütlich zu gestalten, mir eine Umgebung zu schaffen, in der ich mich wohlfühle.

Oft lade ich mir Freunde ein, die ich mit einem leckeren Essen verwöhne, wie früher meinen Ehemann.

Ich habe gelernt, dass ich etwas tun muss, wenn sich etwas verändern soll. Erst in der monatelangen Aufarbeitung der Vergangenheit ist mir bewusst geworden, was in meiner

Ehe schon lange nicht mehr stimmte und dass das einst enge Band zu meinem Mann immer brüchiger wurde. Erst als ich in der Lage war, das alles richtig zu sehen, konnte ich mich auch bewusst von meinem früheren Leben und von den Illusionen, mit denen ich gelebt hatte, verabschieden."

Die Trennung zu bejahen, ist ein wesentlicher Schritt, denn damit akzeptiert man die mit ihr verbundenen Veränderungen. Das macht es leichter, sich auf ein neues Leben vorzubereiten. Und – obwohl die meisten es in dieser Phase noch nicht erkennen können – ist die Zukunft gerade nach einer Trennung voller Möglichkeiten. Das hat auch Silvia am Ende so erlebt. Neulich hat sie ihre alte Geige wieder hervorgeholt. Bis vor einigen Jahren spielte sie in einem kleinen Orchester mit. Aber mit Rücksicht auf ihren Mann, der klassischer Musik nichts abgewinnen konnte, hat sie das Musizieren irgendwann aufgegeben. Nun hat sie sich bei einem Ensemble ihrer Kirchengemeinde vorgestellt und schon in einigen Tagen soll die erste Probe sein.

Für Silvia war es sehr hilfreich, dass sie eine gute Freundin hatte. Nicht jeder kann sich so glücklich schätzen. Dann ist es erforderlich, aus dem Schneckenhaus herauszutreten und aus eigener Kraft auf fremde Menschen zuzugehen. Aber gerade das ist ein Problem: Ein lädiertes Selbstwertgefühl, unter dem jeder nach einer Trennung zu leiden hat, erschwert es, unbefangen neue Kontakte zu knüpfen.

Die meisten Menschen leiden unbewusst unter der Angst vor Ablehnung. Wer sich allerdings bewusstmacht, dass uns nicht jeder mögen muss (weil wir ja selbst auch nicht jeden mögen), reduziert seine Erwartungshaltung. Wer sich eingesteht, nicht unbedingt allen gefallen zu müssen, gewinnt innere Freiheit und Unabhängigkeit.

Um erfolgreich eine neue Richtung im Leben einzuschlagen, ist es sinnvoll, darüber zu reflektieren, warum die letzte Beziehung gescheitert ist und welchen Anteil man selbst daran hatte.

3. Aus Erfahrungen lernen – Eigene Fehler erkennen

Um geschieden zu werden, braucht man heutzutage keinen Scheidungsgrund mehr, da es ausreicht, wenn ein Paar seine Ehe als zerrüttet ansieht (Zerrüttungsprinzip). Trotzdem wird jemand, der eine Trennungsphase zu bewältigen hat, nach den *Gründen* suchen, die zum Scheitern der Beziehung geführt haben. Solche Gründe sind z. B.

– Intoleranz/Unverständnis/Egozentrik
– Misstrauen/Eifersucht/Untreue/Verschlossenheit/ Lieblosigkeit
– Mangel an Kommunikation / Seelische und körperliche Gewalt anstelle von Konfliktlösungsfähigkeit
– Fehlen gemeinsamer Lebensbereiche und Interessen
– Egoismus, fehlendes „Wir-Gefühl".

Typisch für diese Gründe ist, dass man sie am Verhalten des *anderen* festmacht. Wer würde schon von sich sagen, dass er intolerant, egoistisch, lieblos oder unfähig wäre, Konflikte vernünftig zu lösen.

Ein Gutes hat aber diese Suche nach den Ursachen einer gescheiterten Beziehung: Man wird bei der Wahl eines neuen Partners sicherlich genau hinsehen, ob sich Wiederholungen andeuten. Ebenso wichtig ist es aber auch, die *eigenen Fehler* zu erkennen, um diese in einer späteren Partnerschaft nicht zu wiederholen. Eheprobleme überkommen einen selten aus heiterem Himmel und Ehen zerbrechen nicht plötzlich, Ehen sterben meist langsam. Das liegt auch darin begründet, dass man die eigenen

Fehler am längsten ignoriert und oft werden die Vorzeichen für das drohende Unheil nicht erkannt oder unterschätzt.

Zu den Fehlern, die sich vor allem Frauen eingestehen müssen, gehören folgende Verhaltensweisen:

1. „zu sehr" zu lieben und damit die eigene Identität zu verlieren,
2. die Vernachlässigung gemeinsamer Interessen,
3. das Klammern.

Wenn man „zu sehr" liebt

Immer wieder begegne ich Frauen, die, wenn sie sich stürmisch verliebt haben, alles hinter sich lassen und dabei ihre eigene Identität verlieren.

Marita, 45:

„Ich gehörte auch zu den Menschen, die aus Liebe ihr ganzes Leben auf den Kopf stellten. Ich wollte um jeden Preis geliebt werden und war dafür bereit, alles, sogar mich selbst aufzugeben. Zunächst war mir überhaupt nicht klar, warum ich zur Opferrolle und zur Selbstaufgabe neigte. Erst eine Therapie brachte mich auf den Weg der Erkenntnis. Ich war bereits als Kind das liebe brave Mädchen, das alles dafür tat, um geliebt zu werden. Ich ging dabei sogar so weit, meine eigenen Wünsche zu ignorieren, um es allen recht zu machen. In einer Psychotherapie wurde mir klar, dass der erste Weg zu mehr Liebe nicht über Selbstaufgabe führt, sondern über die Fähigkeit, sich selbst zu lieben. Wer sich selbst liebt, kann nämlich Grenzen setzen."

Tatsache ist, *wer sich selbst aufgibt, verliert seinen Partner.* Menschen verlieben sich ineinander, weil sie den Charakter des anderen begehrenswert finden. Wer versucht, gerade das zu verändern, was ihn für den anderen so wertvoll macht, verspielt sein Kapital. Der folgende Fall zeigt, wie eine übertriebene Liebe den Partner überfordert:

Einer jungen Frau begegnete im Skiurlaub ihre große Liebe. Das Handicap ihrer Beziehung war, dass sie im Großraum Düsseldorf wohnte, er dagegen am Bodensee. Nach einigen Wochen mit stundenlangen Telefonaten und heißen E-Mails wurde ihr klar, dass sich nach aller Erfahrung eine Beziehung über eine solche Distanz dauerhaft nicht aufrechterhalten ließe. Sie gab daher ihren Job und ihre Wohnung auf und zog zu ihm an den Bodensee. Sie fand es völlig normal, für ihre Liebe „alles" zu geben.

Nach einiger Zeit fiel ihr auf, dass ihr „Traum-Mann" immer später nach Hause kam, öfter als zuvor Auswärtstermine hatte, zu Hause wortkarger und ruhebedürftiger wurde. Statt sich zurückzuziehen und ihrem Partner Zeit und Ruhe zu gönnen, verstärkte sie ihre Liebesbeweise immer mehr. Sie rief ihn mehrmals täglich im Büro an, schickte ihm Blumen ins Büro und brachte ihm sonntags das Frühstück ans Bett. Der Mann hätte sich glücklich fühlen können wie im Paradies. Stattdessen platzte ihm eines Tages der Kragen: „Ich halte das nicht mehr aus, du erdrückst mich!"

Das Ende war, dass er sie aufforderte auszuziehen.

Woran aber erkennen Sie, ob Sie normal oder zu sehr lieben und damit Ihre Beziehung gefährden?

Zur Klärung kann ein Perspektivwechsel verhelfen: Versetzen Sie sich in die Lage Ihres Partners. Stellen Sie sich vor, er überhäufte Sie mit Geschenken und jedes Mal würde er von Ihnen erwarten, dankbar zu sein. Stellen Sie sich vor, Ihr Partner himmelt Sie an, obwohl Sie ihn verletzt haben. Stellen Sie sich vor, er organisiert Ihr Leben neu, obwohl Sie das nicht wollen und mit Ihrem Leben durchaus zufrieden sind. Unter solchen Vorzeichen verliert Ihr Partner in Ihren Augen immer mehr Persönlichkeit und damit die

Achtung, die Sie ihm entgegengebracht haben, als Sie ihn kennenlernten.

Lieben heißt nicht, alles vom Partner zu akzeptieren und allen seinen Wünschen blindlings nachzukommen. Lieben heißt auch nicht, die eigenen Gefühle hinten anzustellen. Die Frage „Was habe *ich* davon?" ist sehr berechtigt und die Suche nach einer ehrlichen Antwort notwendig, denn nach Albert von Chamisso ist *„Liebe... kein Solo. Liebe ist ein Duett. Schwindet sie beim einen, verstummt das Lied."*

Falls Sie betroffen oder gefährdet sind, zu sehr zu lieben, empfehle ich Ihnen das Buch von Robin Norwood: *„Wenn Frauen zu sehr lieben"*.[13]

Die Vernachlässigung gemeinsamer Interessen

Zum Beziehungstod kann es auch führen, wenn die verbindenden Gemeinsamkeiten und Interessen (Theater, Konzert, Kino, Fernsehen, Urlaub, Sport, Freunde usw.) vernachlässigt werden. Dazu ein Beispiel:

Jutta, 52:

„Als mein Mann und ich uns kennenlernten, verbanden uns viele Gemeinsamkeiten: Eines der wichtigsten gemeinsamen Interessen war im Winter der Skiurlaub.

Dann heirateten wir und bekamen drei Kinder. Haushalt und Kindererziehung nahmen immer mehr Kraft. Ich hatte damit so viel zu tun, dass ich permanent erschöpft war und deshalb nur noch meine Ruhe haben wollte.

Das führte schließlich dazu, dass ich meinen Mann überredete, ohne mich mit den Kindern in Skiurlaub zu fahren, damit ich mich einmal in aller Ruhe zu Hause erholen konnte.

Der Haushalt und die Kinder kosteten mich so viel Lebens-energie, dass ich nicht einmal mehr wie früher mit meinem Mann zum Chor ging. Die Folge meines Rückzugs von allen Gemeinsamkeiten war, dass wir schließlich in ganz unter-schiedlichen Erlebniswelten lebten, von der der andere kei-ne Ahnung hatte. Ich wusste nichts vom Arbeitsplatz mei-nes Mannes und mein Mann konnte sich nicht vorstellen, warum ich immer so kaputt war. Andere Frauen sind da si-cherlich belastbarer als ich, aber ich musste mit meinem Energievorrat zurechtkommen.

Heute weiß ich, dass es ein schwerer Fehler war, uns keine Freiräume für Gemeinsamkeiten durch bezahlte Hilfen geschaffen zu haben, wodurch wir uns unsere gemeinsame Basis und Freudenquelle hätten erhalten können."

Wichtig sind gemeinsame Interessen und Erlebnisse, denn alles, was man gemeinsam macht oder erlebt, besitzt eine starke Bin-dungskraft. Deshalb wirkt es entzweiend, wenn gemeinsame In-teressen nach und nach verschwinden und die gemeinsame Er-lebniswelt immer ärmer wird. Gemeinsamkeiten stärken das Zu-sammengehörigkeitsgefühl. Suchen und pflegen Sie Gemeinsam-keiten wie z. B. Wandern, Fahrradfahren, Musikhören, ins Kabarett oder Kino gehen! Oder wie wäre es, gemeinsam einen Italienisch-Kurs zu besuchen, bevor Sie das nächste Mal wieder gen Italien reisen?

Die gemeinsamen Interessen sind ein ganz besonderes Binde-glied für ältere Paare, deren Leben sich durch den Auszug er-wachsener Kinder stark verändert. Den meisten macht es Spaß, mehr Zeit für vernachlässigte, gemeinsame Interessen zu haben, andere dagegen müssen feststellen, dass sie sich nichts mehr zu sagen haben und dass ihre Beziehung am Ende ist.

Typisch für den Verlust von gemeinsamen Interessen und Erlebnissen ist sein schleichender Verlauf: Zu Anfang sagt Ihr Partner vielleicht noch: *„Schatz, ich bin heute so kaputt, kannst du nicht ausnahmsweise ohne mich in die Oper gehen?"* Bald wird es dann zur Gewohnheit, dass Sie statt mit ihm, alleine oder mit Ihrer besten Freundin gehen.

Manchmal ist vielleicht auch etwas Nachdruck oder Überzeugungskunst erforderlich: Auch mein Mann hatte einmal keine Lust, in ein Konzert zu gehen, und war bereit, die Karten verfallen zu lassen. Erst meine Bemerkung *„Na gut, dann gehe ich eben allein!"* veränderte seine Haltung und nachher sagte er mir: *„Gut, dass du mich überredet hast. Das Konzert war klasse! Ich bin doch sehr froh, dass wir es nicht versäumt haben."*

Ähnliches gilt für Einladungen zu Bekannten: Der Termin ist schon vor sechs Wochen zugesagt worden und wenn es dann so weit ist, stöhnt Ihr Mann: *„Oh Gott, müssen wir da wirklich hin? Kannst du nicht absagen – ich hätte den Flieger in London nicht mehr bekommen?"* Und wenn es Ihnen dann doch gelungen ist, Ihren Mann zu überzeugen, stellt sich am Ende die Einladung als gelungene, unterhaltsame Party heraus.

Das Klammern

Ein klassischer Beziehungskiller ist auch das sog. Klammern. Hierbei sucht der eine Partner in übertriebener Weise die Nähe des anderen, was zu dessen Freiheitsverlust führt. Es ist bei Tieren beobachtet worden, dass die Reizschwelle für Aggressionen steigt, wenn sie ständig auf engem Raum miteinander leben müssen. Auch der Mensch möchte sich gelegentlich zurückziehen können, um wieder zu sich selbst zu finden.

Liebe ist ein Gefühl, das auf gegenseitiger Freiheit beruht. Daraus folgt, dass man an Liebe keine Forderungen knüpfen darf. Wird gegen diese Maxime verstoßen, kommt es zu Vorwürfen und

Rechtfertigungen:

„Wo warst du?"

„Warum hat das so lange gedauert?"

„Musst du schon wieder weg?"

„Du hast nie Zeit für mich."

„Ich weiß schon, du willst nur noch zu deinen Kumpels."

Darauf reagiert der Angegriffene mit Gegenangriffen:

„Du gehst mir mit deinen Unterstellungen auf die Nerven."

„Nichts, aber auch gar nichts, lässt du mich alleine machen."

„Ich halte deine Eifersucht nicht mehr aus."

Die Folge des Klammerns ist für den Betroffenen eine Form der *Einengung,* die er nur bis zu einem gewissen Grad ertragen kann.

Jochen, 42:

> *„Meine Ehe ist am krampfhaften Klammern meiner Frau gescheitert. Natürlich wusste ich, dass sie eine schwierige Vergangenheit hatte und von mir nun alles erhoffte, was sie als Kind entbehrt hatte. Anfangs fand ich es auch noch schmeichelhaft, dass sie an mir hing. Am Ende war es so schlimm, dass sie mir Szenen machte, um mich daran zu hindern, an meinem Vereinsleben teilzunehmen, wie ich es immer getan hatte. Alles wollte sie nur mit mir gemeinsam tun. Stundenweise allein zu sein und etwas für sich zu tun, empfand sie als Bedrohung. Wenn ich dann wieder nach Hause kam, überschüttete sie mich mit Tiraden von Vorwürfen. Gelegentlich machte ich ihr den Vorschlag, eine Psychotherapie zu machen. Das aber brachte sie noch mehr in Rage, denn sie sah ihr Problem nicht bei sich, son-*

dern bei mir. Ich sollte mich ändern, was ich aber nicht wollte, weil mir meine Anteile des Eigenlebens auch wichtig waren. Eines Tages hielt ich die krampfhafte Umklammerung meiner Frau nicht mehr aus, packte meine Koffer und verschwand aus ihrem Leben."

Dieses Beispiel zeigt: Je mehr der eine klammert, desto stärker versucht der andere, sich zu befreien. Derjenige, der klammert, erreicht genau das Gegenteil von dem, was er anstrebt. Was sind die Gründe für dieses irrationale Verhalten?

Klammern bedeutet, wie Psychologen es ausdrücken, eine „Fixierung" eines Menschen auf einen anderen. Diese hat weniger mit Machtstreben als mit Angst zu tun. Der Klammernde hat Angst, den Partner zu verlieren (Verlustangst), der andere befürchtet, seine Eigenständigkeit (Autonomie) zu verlieren.

Die Gründe für die Ängste sind in jungen Jahren andere als im reifen Alter. Junge Menschen, die in ihrem Partner ihr „Ein und Alles" sehen und ihn durch Klammern besitzen und festhalten wollen, tun dies oft aus *Unsicherheit* oder aus *mangelndem Selbstbewusstsein* heraus. Sie können sich nicht vorstellen, dass nach der ersten großen Liebe noch einmal eine andere Liebe kommen könnte. Aber auch *frühere Verlusterfahrungen* (z. B. Tod oder Scheidung der Eltern) können zu der Angst führen, wieder von einem nahestehenden Menschen verlassen zu werden.

Auch reifere Menschen können Verlustängste haben, vor allem dann, wenn sie bereits mehrfach von Partnern, die sie liebten, verlassen wurden. Auch bei ihnen existiert eine weit verbreitete Angst vor dem Alleinsein, dem Verlassensein, das sie zum Klammern verleitet. Das Klammern kann aber auch andere Gründe haben, wie Egoismus, aus dem die Erwartung resultiert, der andere müsse einem rund um die Uhr zur Verfügung stehen und letztlich bloße Langeweile.

Unabhängig von den Gründen hat Klammern in jedem Fall negative Auswirkungen auf die Partnerschaft.

Nach Trennung, Scheidung oder Tod ist sie irgendwann wieder da, die Sehnsucht nach einer neuen Beziehung. Spätestens dann, wenn man auch selbst die ersten zwei, drei gescheiterten Beziehungen hinter sich hat, stellt man fest, dass die Wahrscheinlichkeit sehr gering ist, einem Menschen zu begegnen, der in Beziehungsdingen ein unbeschriebenes Blatt ist. Und ist man erst mal jenseits der Dreißig, ist die Wahrscheinlichkeit relativ hoch, dass der „Neue" außer einer „Ex" auch noch Kinder im Schlepptau hat.

III

EINE NEUE LIEBE – VERLIEBT IN EINEN PARTNER MIT VERGANGENHEIT

Mit zunehmendem Alter wächst die Summe der Erfahrungen. Wir alle haben irgendeinen „Ex" im Kopf und diese Beziehungserfahrungen haben uns geprägt und lassen sich nicht einfach tilgen.

Ob die Erfahrungen der Vergangenheit verarbeitet und abgeschlossen sind, stellt man selten bei der ersten Begegnung fest. Viele, die sich verliebt haben, erkennen erst später, dass sie sich einen Partner mit unbewältigter Vergangenheit angelacht haben oder dass sie selbst noch nicht wieder bindungsfähig sind.

1. Die Bindungsfähigkeit

Wer eine Beziehung voller Enttäuschungen hinter sich hat, dessen Vertrauen ist oft so erschüttert, dass er Zeit braucht, um Vertrauen neu aufzubauen und eine neue Bindungs- und Hingabefähigkeit zu entwickeln. Hinter einer oft unbewussten Bindungsangst versteckt sich die Angst, erneut verletzt, belogen oder betrogen zu werden. Das zeigt, dass die Vergangenheit noch nicht verarbeitet worden ist.

Betty, 34:

„Als ich kurz nach der Scheidung Sven kennenlernte, war ich hin und weg. Er war wirklich nett und sehr bemüht.

Doch irgendwann habe ich gemerkt, dass ich ihn dauernd mit meinem geschiedenen Mann verglichen habe, obwohl der mich verlassen hat. Sven hatte keine echte Chance. Im Gegensatz zu mir erkannte er es und sprach mich darauf an. Er machte mir bewusst, dass ich ständig von meinem Ex-Mann geredet habe."

Aber wie geht man damit um, wenn ein Mensch nach außen hin frei und sogar äußerst bindungswillig erscheint, seinen früheren Partner jedoch emotional noch nicht losgelassen hat?

Inge (49) war im siebten Himmel, als sie Kai (53) kennenlernte: *„Beim ersten Date bin ich langsam, aber sicher dahingeschmolzen."*
Die beiden hatten sich nach gescheiterten Ehen gesucht und gefunden. Es begann eine sehr intensive Beziehung, die nach nur vier Wochen allerdings jäh erschüttert wurde, als die Mutter von Kais Ex-Frau starb. Kai hatte sich zwar schon ein Jahr zuvor von seiner Frau getrennt, stellte nun aber in der familiären Ausnahmesituation fest, dass er die Trennung noch nicht wirklich verarbeitet hatte. Inge schlug ihm eine Auszeit vor, was dazu führte, dass Kai einen neuen Versuch mit seiner Ex-Frau unternahm – zum großen Kummer von Inge.
Von den Kindern hatte Kai gleich zu Beginn erzählt. Inge fand das in Ordnung. Weiteres über die frühere Beziehung wusste sie bis zu der Krise nicht. Kai war keineswegs ein gemeiner Lügenbaron, der mit ihr ein falsches Spiel trieb. Im Gegenteil, er war ein richtig netter Kerl, einer, mit dem es hätte klappen können, mit dem einzigen Fehler, dass er – ohne sich dessen bewusst zu sein – mit seiner früheren Ehe noch nicht wirklich abgeschlossen hatte.

„Wackelkandidaten" wie Kai sind oft schwer zu erkennen. Schließlich hat ab einem gewissen Alter fast jeder die eine oder andere große Liebe hinter sich. Der bloße Familienstand, ob nun „ledig" oder „getrennt lebend", sagt nichts darüber aus, was jemand in seiner Vergangenheit erlebt hat und wie er zu seinen Erfahrungen steht.

Stellen Sie sich vor: Sie machen die Bekanntschaft eines netten Mannes, der erwähnt, dass ihm von seiner früheren Partnerin übel mitgespielt wurde. Aus welchem Grund erzählt er das? Sollte man das als Zufall oder als ein Signal bewerten? Wenn er oder sie dem Ex-Partner oder auch sich selbst einseitig alle Schuld für das Scheitern der früheren Beziehung zuweist, zeugt das nicht gerade von differenzierter Vergangenheitsbewältigung.

Bevor man sich auf einen „gebrauchten Mann" einlässt, sollte man prüfen, ob der Auserwählte schon für einen zweiten Anlauf bereit ist. Nehmen Sie Abstand, wenn
  – er ständig von seiner „Ex" redet,
  – er nie über seine „Ex" redet,
  – sein Selbstbewusstsein am Boden liegt,
  – er Rachegelüste äußert.

Besondere Warnzeichen dafür, dass der neue Partner seine Vergangenheit noch nicht bewältigt hat, sind bei Verwitweten zu beachten:

Wenn Sie als Mann z. B. im Bad Ihrer neuen Partnerin das Rasierzeug des Verstorbenen entdecken und dieser Sie von allen Wänden huldvoll anlächelt, dann stehen Ihre Chancen als Nachfolger schlecht.

Auch wenn Geschiedene *und* Verwitwete Trauerarbeit leisten müssen, um den Verlust ihres Partners zu verarbeiten, besteht zwischen beiden ein großer Unterschied: Der geschiedene Partner existiert noch und wird oft für die Scheidung verantwortlich gemacht.

Auch ein verwitweter Mensch ist verlassen worden, aber nicht aufgrund der Entscheidung des anderen gegen ihn, sondern durch das Schicksal. Verwitwete Menschen unterliegen oft der Versuchung, schöne Erinnerungen zu kultivieren und den Verstorbenen zu idealisieren. Sie setzen ihn sozusagen auf ein Podest und umgeben ihn mit einem Heiligenschein. In diesem Fall ist die Wahrscheinlichkeit sehr groß, dass der neue Partner am Maßstab des Verstorbenen gemessen wird.

Sollten Sie unsicher sein, ob ihr neuer Partner wirklich mit seiner Vergangenheit abgeschlossen hat, also beziehungsfähig ist, beobachten Sie genau und wägen Sie ab! Gibt es noch etwas, das Ihre neue Bekanntschaft mit der „Ex" verbindet? Loser Kontakt, Hilfe bei seltenen Gelegenheiten, z. B. einem Umzug, sind kein Grund zur Besorgnis, auch gemeinsame Kindererziehung nicht, dagegen schon auffallende emotionale Anteilnahme an der früheren Frau. Wichtig wäre in jedem Fall, zu ergründen, was die Motivation war, sich gezielt auf die Suche nach einem neuen Partner zu begeben.

Norbert (49) hatte viel Verständnis für seine neue Liebe, Petra. Sie sagte ihm, dass sie sich scheiden lassen wolle. So akzeptierte er, dass er sie nie in ihrem 120 km entfernten Haus besuchen konnte, weil dort Petras Noch-Ehemann lebte. Das Paar traf sich deshalb meist in Hotels. Als Petra Norbert gestand, sich emotional schwer von ihrem Mann lösen zu können, bewunderte er sie sogar wegen ihrer Offenheit. Acht Wochen lang stimmte einfach alles, Petra sprach schon von einer gemeinsamen Zukunft. Dann aber kam es zum Bruch, weil sie einen Feiertag mit ihrem Mann verbringen wollte. Der verletzte Norbert zog daraufhin den Schlussstrich. Sein Fazit: *„Nie wieder eine Frau, die krampfhaft* *jemanden sucht, um aus ihrer kaputten Beziehung herauszukommen!"* Mittlerweile ist er zwar wieder mit einer in Scheidung lebenden Frau liiert – aber der Unterschied ist, dass diese mit ihrer Vergangenheit abgeschlossen hat.

Wer offensiv auf Partnersuche geht, ist bereit für eine neue Bindung – sollte man zumindest meinen. Dass dies durchaus nicht immer der Fall ist, belegt eine Untersuchung, die Soziologen zu den Inserenten von Kontaktanzeigen durchführten. Etliche der Befragten waren durch eine Ehe, Anhänglichkeit über den Tod hinaus oder unerwiderte Zuneigung noch gebunden. Mancher wollte gar ohne Wissen des derzeitigen Partners per Inserat einen Neuanfang einleiten, sozusagen nahtlos.[11]
Die Partnersuche gilt oft als Heilmittel gegen die alten, verschlissenen, aber oft nicht so einfach abzuschüttelnden Bande. Das funktioniert vielleicht zu Anfang, führt aber nur selten zu einer dauerhaften Bindung.

Wer sich nach einem Verlust eines Menschen neu orientieren möchte und dabei ist, sich zu verlieben, sollte nicht nur die eigene Bindungsfähigkeit und die des Partners prüfen, sondern auch, ob man zusammen bereit und fähig ist, das Gepäck aus der Vergangenheit zu tragen: die sogenannten „Altlasten".

2. Die „Altlasten"

Als „Altlasten" sind die mit dem neuen Partner (oder einem selbst) verbundenen Belastungsfaktoren zu verstehen, die ihren Ursprung in früheren Beziehungen haben. Obwohl es mir widerstrebt, Kinder als „Altlasten" zu bezeichnen, muss man nüchtern feststellen, dass Kinder, die der neue Partner mitbringt oder – wenn es sich um die eigenen handelt – an die er sich gewöhnen muss, eine Belastung sein können. Ohne Zweifel kann man aber zu den Altlasten die *Unterhaltszahlungen* für Kinder rechnen und auch immer wieder aufkeimende Auseinandersetzungen mit dem *Ex-Partner* bezüglich der Kinder.

Eine besondere Form von Altlasten sind traumatische Erfahrungen aus der Vorbeziehung.

Die Kinder

Wer auf der Suche nach der neuen großen Liebe ist und selbst Kinder hat, muss diese in seine Entscheidungen mit einbeziehen. Zwar ist es selbstverständlich, dass nicht die Kinder über den neuen Partner bestimmen dürfen, jedoch sollte die Partnerwahl bewusst und verantwortungsvoll vollzogen werden. Die wichtigste Frage lautet dann:

- Ist der Mensch, in den ich mich verliebt habe, auch gut für die Familie?
- Hat er ein gestörtes Verhältnis zu Kindern im Allgemeinen oder lehnt er meine Kinder ab?
- Hat er starke emotionale Probleme (z. B. Kontrollverlust, Grenzüberschreitungen, Aggressionen), die in irgendeiner Weise das Familienleben belasten?

Wichtig ist, dass man als Elternteil zunächst Verantwortung für die Kinder hat. Dies mag einer der wenigen Fälle sein, in denen der Verstand stärker als die Liebe sein muss.

In diesem Zusammenhang kann sich auch die Frage nach *gemeinsamen Kindern* stellen. Wenn der Mann schon Kinder aus erster Ehe hat und keine weiteren möchte, sollten Frauen mit Kinderwunsch keine faulen Kompromisse eingehen, z. B. unterstellen, dass sich das schon eines Tages geben werde. Das kann sich als böser Trugschluss erweisen. Wenn einer Zweitfrau eigene Kinder wichtig sind, muss sie das klar sagen. Das Paar muss sich dann über die jeweiligen Lebensziele verständigen. Wer ohne Verhandlung einfach auf Nachwuchs verzichtet, leidet mit Sicherheit später, wenn die biologische Uhr abgelaufen ist, unter dem Verzicht und wird seinem Partner Vorwürfe machen.

Die Ex-Frau

Eine klare Absprache ist auch notwendig, wenn es einer Zweitfrau nicht gefällt, dass ihr Mann seine Kinder aus erster Ehe immer bei seiner Ex-Frau besucht. Vieles ist verhandelbar, anderes muss akzeptiert werden. Die Vergangenheit wird, vor allem, wenn es Kinder gibt, immer wieder eine Rolle spielen. Wichtig für das Glück im zweiten Anlauf ist, dass es gelingt, gemeinsam in der Zweitfamilie ein eigenes Wir-Gefühl zu entwickeln.

Zu Problemen führt es immer, wenn im Verhältnis zum Ex-Partner keine klare Trennung zwischen Paar- und Elternebene gefunden wurde, wie folgendes Beispiel zeigt:

Susanne, 34:

„Ich versuche gerade, eine Beziehung zu einem ‚gebrauchten Mann' aufzubauen. Er hat sich im Dezember 2008 von seiner Frau getrennt. Zu diesem Zeitpunkt sind wir auch zusammengekommen. Ich weiß natürlich, dass es eigentlich nicht gut ist, übergangslos von einer Beziehung in die nächste zu stolpern. Aber wie ‚er' sagt, sei die Beziehung zu seiner Frau schon länger kaputt gewesen und er habe auch durch mich erst jetzt den Anstoß gefunden zu gehen. Seine Frau sei wegen der beiden Kinder im Haus geblieben. Seine Frau habe aber von meiner Existenz gewusst und auch, dass eine Trennung bevorstehe.

Im Januar 2009 geriet mein Partner in eine große Sinnkrise, in der er sich darüber klar wurde, was er will. Er will definitiv seine Kinder nicht verlieren, denn die sind ihm das Wichtigste, aber er weiß auch, dass er mit seiner Frau keine glückliche Beziehung führen kann. Deshalb will er sich trennen. Ich denke, dass seine Frau Wohlverhalten zeigt, weil sie noch Hoffnung hat. Und ‚er‘ hat extreme Angst davor, dass seine Frau in die Wut/Hass-Phase fällt und ihm die Kinder entzieht, wenn er ‚Nägel mit Köpfen‘ macht und die Scheidung einreicht. Meinem Partner und mir ist klar, dass das ehemalige Paar die Beziehungs- von der Elternebene trennen muss, wobei die Grenzen schwer zu erkennen sind. Ich liebe ihn, weiß aber nicht, ob ich so vielen Problemen, die ich durch eine ‚Patchwork-Beziehung‘ auf mich zukommen sehe, gewachsen bin.“

Mit der Ex-Frau scheinen die meisten Zweit-Frauen Probleme zu haben, wie folgende Beispiele belegen:

Marion, 42:

„Es war ein strapaziöser Neustart, meine Ehe mit einem ‚gebrauchten Mann‘. Ich habe lernen müssen, auch mit seinen Kindern, seiner ‚Ex‘ und anderen ‚Erbstücken‘ zu leben, denn ‚Männer aus zweiter Hand‘ kommen selten allein. Ich habe die ganze Bandbreite der Probleme mitgeheiratet, die ein Mann mit Vergangenheit mit sich bringt: Mühsame Kinder im Schlepptau, skeptische Schwiegereltern und kritische Freunde und natürlich die ‚Ex‘. Mit diesen allgegenwärtigen Schatten der Vergangenheit fertig zu werden, hat auch unsere Beziehung auf manch harte Probe gestellt.

Meine Erfahrung ist, dass das Vorleben des Partners zum verminten Gebiet wird, in dem es von Psychofallen, finanziellen Engpässen und rechtlichen Unsicherheiten nur so wimmelt. Nur wenige Frauen machen sich das vor einer zweiten Ehe bewusst. Auch ich habe mir die Erschwernisse, die eine so komplizierte Familienkonstellation mit sich bringt, nicht im Traum vorstellen können. Ein Neustart mit einem ,Klotz am Bein' ist nichts für zarte Gemüter. Man muss wissen, wie belastbar man ist und ob man sich das zumuten kann und will. Es hat Jahre gedauert, bis wir eine zufriedenstellende Linie gefunden haben. Energie, Verständnis, Toleranz, Ausdauer und Geduld sind gefragt."

Julia, 39:

„Mein Liebesglück als Lebenspartnerin eines geschiedenen Mannes habe ich mir hart erkämpfen müssen. Die Kinder aus erster Ehe, Unterhaltsansprüche und das Verhältnis zur Ex-Frau spielten immer wieder eine Rolle und ließen den Haussegen oft schief hängen. Aber auch mein ,Second-hand-Mann' hatte es nicht leicht, weil er stets zwischen allen Stühlen saß. Seine Doppelrolle, gleichzeitig Partner in einer neuen Liebesbeziehung und Vater von Kindern aus der ersten Beziehung zu sein, überforderte ihn oft. Oft lagen seine Nerven blank, wenn immer neue Konflikte auftraten. Im Pendeln zwischen Gegenwart und Vergangenheit, alter Familie und neuer Familie fällt es schwer, sich gegen die alte Beziehung abzugrenzen und ein ,Wir-Gefühl' zu entwickeln. Ich habe meine Ehe mit einem ,Mann mit Vergangenheit' als emotionale Achterbahn erlebt mit ständigen Belastungsproben. Besonders belastend ist für mich die ständige Präsenz des Schattens der Ersten."

Eine besondere Altlast sind auch die *Unterhaltszahlungen*, die den finanziellen Spielraum der neuen Familie empfindlich einengen können:

Antje, 37:

„Emotional habe ich die Situation, einen Mann mit Vergangenheit geheiratet zu haben, sehr gut verkraftet. Unser finanzieller Spielraum war aber immer durch die Unterhaltsverpflichtungen gegenüber seinen Kindern stark eingeschränkt. Eigentlich hatte ich selbst auch einen Kinderwunsch, den ich aber wegen der finanziellen Enge verworfen habe. Für ein weiteres Kind reicht das Einkommen einfach nicht. Ob ich diese Kopfentscheidung eines Tages bereuen werde, weiß ich natürlich nicht. Im Moment kommt es mir darauf an, mit meinem Mann in einer glücklichen Beziehung zu leben und nicht noch zusätzliche Probleme zu schaffen durch ein weiteres Kind, das wir uns nicht leisten können."

Wer bereit ist, den Rucksack voller Altlasten eines Mannes aus zweiter Hand mit zu tragen, hat aber auch die Chance auf eine besonders glückliche Zukunft:

Ein „gebrauchter Mann" ist beziehungserfahren und hat schon einmal in einem funktionierenden Haushalt gelebt. Er kann eine Waschmaschine bedienen, hat sich angewöhnt, einen Geschirrspüler ein- und auszuräumen. Er weiß, dass er für die Entsorgung von Mülltüten und Besorgung von Getränken zuständig ist. Er hat, zumal, wenn er auch Vater ist, gelernt, Verantwortung zu übernehmen. Mit etwas Glück ist er sogar darin geübt, einer Frau Wünsche von den Augen abzulesen. Er wird sich nicht Hals über Kopf in eine neue Beziehung stürzen. Das heißt: Er meint es wirklich ernst. Er kennt die Beziehungsklippen und hat aus dem

Scheitern der früheren Partnerschaft gelernt. Für die neue Frau ist seine Erfahrung durchaus eine Bereicherung. Und oftmals begegnen Männer ihrer neuen Partnerin mit mehr Respekt. Alles in allem: Ein „gebrauchter Mann" ist besser als sein Ruf und bereits ein sozialisiertes Exemplar, auf das Verlass ist.

Immer wieder passiert es, dass Patchwork-Paare (d. h. Paare mit mindestens einem Kind, das nur zu einem Partner eine leibliche Beziehung hat) wie „Frischverliebte" den Beginn ihrer neuen Liebe gestalten möchten, dass sich aber ihre Vorgeschichte zwischen ihre junge Liebe stellt. Oft erweisen sich dann Kinder als erstaunlich konservative Bewahrer des Vergangenen, verteidigen ein idealisiertes Bild ihrer Familie und erwarten von den Eltern ewige Treue – auch über eine Trennung hinaus.

3. Der Widerstand der Kinder gegen eine neue Liebe ihrer Eltern

Patchwork-Paare vergessen in ihrer Verliebtheit, dass sie zwar mit einem neuen Menschen eine Beziehung beginnen, dass es aber keinen wirklichen Neustart gibt. Man ist nicht zunächst zu zweit, um sich in Ruhe kennenzulernen. Weil Kinder aus vorherigen Beziehungen bereits vorhanden sind, überspringt man einen wichtigen, innerfamiliären Entwicklungsschritt. Der romantische Beginn der Liebe muss von Anfang an beides miteinander vereinbaren: ein Liebespaar zu sein und gleichzeitig ein Elternpaar.

Diana, 39:

„Ich war überglücklich, einen neuen Mann gefunden zu haben. Dass Max zwei Kinder hatte, fand ich besonders attraktiv an ihm. Für mich war das ein Zeichen dafür, dass er fähig war, Verantwortung zu übernehmen und sich einzulassen. Doch meine anfängliche Freude verflog schnell.

Bereits das erste Zusammentreffen mit seinen beiden Teenie-Töchtern war ernüchternd. Die beiden starrten mich feindselig an und ließen mich voll auflaufen. Alles, was ich versuchte, endete im Fiasko."

Für die neue Frau an der Seite eines Vaters ist es schwer, die richtige Position zu finden. Einerseits möchte sie ihrem Mann eine gute Partnerin und natürlich auch eine Art Bezugsperson für seine Kinder sein. Mit diesen Ansprüchen überfordert sich Diana. Als *kinderlose Frau* ohne eigene Erfahrungen mit Kindern hat sie einen schweren Stand.

Verständlich wird das Problem, wenn wir einen Perspektivwechsel vornehmen und die Situation aus der Sicht der Kinder betrachten: Endlich haben diese sich an das Leben mit nur einem Elternteil gewöhnt. Da bricht ein fremder Mensch in ihre Familie ein und drängt sich zwischen die Beziehung zu ihrer Mutter bzw. ihrem Vater. Was die Kinder dabei empfinden und wie sie reagieren, hängt von ihrem Alter ab und davon, ob sie den einen Elternteil durch Scheidung oder durch Tod verloren haben. Auf diese Unterscheidungen soll aber im Weiteren nicht eingegangen werden.

Die Offenbarung, z. B. der Mutter, dass sie sich in einen neuen Partner verliebt habe, löst in Kindern in der Regel ein Gefühlschaos aus. Wie sollen sie damit umgehen und vor allem, wie sollen sie sich gegenüber dem Fremden verhalten?

Die erste Reaktion der Kinder ist fast immer blinde Wut gegen die eigene Mutter bzw. den eigenen Vater und die totale Ablehnung des neuen Partners, so nett sich dieser auch in seinem Bemühen um Anerkennung geben mag. Es schmerzt die Kinder, dass Vater oder Mutter nicht den abwesenden oder verstorbenen Elternteil lieben, sondern einen ihnen fremden Menschen.

Wenn Eltern es nicht selbst schaffen, diesen Konflikt zu lösen, sollten sie die Hilfe eines Kinder- oder Familientherapeuten in Anspruch nehmen. Ziel ist es dabei, den Kindern klarzumachen, dass es auf Dauer keinen Sinn ergibt, die neue Realität zu ignorieren und zu blockieren. Zielführend ist es, den Kindern dabei zu helfen, die Situation aus der Perspektive ihrer Eltern zu betrachten. Und Kinder sollten darin unterstützt werden zu verstehen, dass es nicht nur um *ihre* Gefühle, sondern auch um die ihrer Eltern geht, und dass Eltern das Recht dazu haben, sich nach einer Trennung oder einem Todesfall neu zu verlieben und ein neues Leben zu beginnen. Kinder sollten, trotz des Verlustes ihrer Ursprungsfamilie, versuchen, ihren Eltern diese Chance zu gönnen.

Kinder, die einen Elternteil durch Tod verloren haben, können sich oft nicht vorstellen, dass es für den hinterbliebenen Elternteil noch einmal einen neuen Partner oder eine neue Partnerin geben könnte, und leisten häufig Widerstand, wie das folgende Beispiel zeigt:

„Ich war das Alleinsein satt", erinnert sich Erwin, 51, Teilnehmer eines meiner Seminare. Seit zwei Jahren war seine Frau schon tot und seine beiden Kinder (16 und 18) gingen eigene Wege. Das tägliche Leben ohne Partnerin wurde Erwin mehr und mehr zur Qual: keine „verwandte Seele" an seiner Seite, keine Begleitung auf Reisen und natürlich auch niemanden, der den Alltag mit ihm teilte.

Schließlich gab Erwin eine Kontaktanzeige auf. Gaby, 48, meldete sich darauf und es funkte schon beim ersten Treffen. Kurze Zeit später schon stand für beide fest: *„Wir wollen wieder heiraten!"* Freunde und Verwandte reagierten positiv auf ihren Entschluss und freuten sich mit den „Frischverliebten". Anders dagegen war die Resonanz der eigenen Kinder. Als das Paar ihre Kinder in ihre Hochzeitspläne einweihte, hielt sich ihre Begeisterung in

Grenzen. Statt sich für ihre Eltern zu freuen, zogen sie lange Gesichter und schwiegen.

Schwierigkeiten gab es auch für Gaby, die selbst einen Sohn (16) mitbrachte. Die Kinder ihres neuen Ehemannes wollten sie als neue Frau ihres Vaters nicht anerkennen. Auch heute, nach Jahren, ist das Verhältnis noch kompliziert. Ihr eigener Sohn tat sich andererseits mit dem neuen Mann seiner Mutter schwer.

Üblicherweise muss bei einer neuen Familiengründung einer von beiden seine frühere Wohnung oder sein Haus und damit sein gewohntes Umfeld aufgeben. Auch Gaby zog in das Haus ihres Mannes und traf auf ein vormarkiertes Territorium ihrer verstorbenen Vorgängerin. Das verstärkte den Widerstand bei Erwins Kindern, denn Gaby war kein Ersatzteil ihrer verstorbenen Mutter, sondern ein anderer Mensch mit anderem Temperament und anderem Geschmack. Damit Gaby sich auch zu Hause fühlen konnte, wurde einiges im Haus verändert. Aber die Gewohnheiten und Rituale, Wertvorstellungen und Lebensstile, die sie mit in die Familie brachte, waren Erwins Kindern fremd; sie reagierten darauf mit stummem Protest.

Gaby ist heute davon überzeugt, dass sich mancher Konflikt mit Erwins Kindern hätte vermeiden lassen, wenn alle gemeinsam in einem neuen Umfeld angefangen hätten, denn jede Beziehung braucht einen eigenen Rahmen und Raum, um sich entfalten zu können: Niemand hat dann einen Heimvorteil, niemand muss sich als Eindringling fühlen. Auch für Kinder zweier Familien ist eine neue Umgebung ihrer Eltern besser, denn sie signalisiert, *„hier hat etwas Neues begonnen"* und *„auf diesem Territorium werden keine alten Verhaltensmuster fortgesetzt!"* Jeder hat die Chance, sich in diesem neuen Rahmen neu zu positionieren.

Auch im folgenden Beispiel machten die Kinder ihrer verwitweten Mutter das Leben schwer, als diese sich neu liierte:

Die 53-jährige Julia verliebte sich drei Jahre nach dem Tod ihres Mannes in einen Witwer. Ihre Kinder wollten aber nicht akzeptieren, dass ihre Mutter noch einmal einen neuen Partner hatte. Die Ablehnung ihrer Kinder traf die Mutter schwer. Trotzdem gab sie nicht auf.

Dass sie sich nach ihrer guten Ehe mit ihrem verstorbenen Mann noch einmal verlieben könnte, hätte Julia selbst nie gedacht. Sie begegnete Johannes ganz unspektakulär auf dem Friedhof beim Blümchengießen, während er das Grab seiner verstorbenen Frau neu bepflanzte.

Julias Kinder waren am Wochenende mal wieder ausgeflogen. Tochter Astrid (17) und Sohn Marc (19) trafen sich, wie so oft, mit ihren Freunden und Julia saß allein zu Hause. Sie dachte an die nette Begegnung mit Johannes und es stellte sich bei ihr die Sehnsucht ein, auch wieder einen lieben Menschen an ihrer Seite zu haben. Nach mehreren Treffen auf dem Friedhof fragte Johannes Julia, ob sie Lust habe, mit ihm Kaffee trinken zu gehen. Immer öfter trafen sich die beiden, führten nette Gespräche und kamen sich dabei immer näher.

Die Zeit mit Johannes empfand Julia als unbeschwert und herrlich. Nach der Zeit der Trauer um ihren verstorbenen Mann blühte Julia regelrecht auf. Auch ihren Kindern blieb das neue Glück nicht lange verborgen. Als Julia ihren Kindern von Johannes vorschwärmte, meinten sie nur abfällig: *„Bist du nicht zu alt für so was?"* Doch Julia wollte, dass ihre Kinder Johannes kennenlernen sollten, ihre Kinder aber hatten keinerlei Interesse und kommentierten ihre Ablehnung so: *„Wieso sollen wir ihn überhaupt kennenlernen, er ist doch nicht unser Freund!"* Julia ließ sich nicht beirren und lud Johannes eines Tages nach Hause ein. Dann passierte etwas, was sie nicht hatte vorhersehen können: Beide Kinder ließen Johannes auflaufen und zeigten ihm ihre ungeschminkte Ablehnung. Das änderte sich auch nicht in der darauf folgenden Zeit. Wenn Johannes bei Julia zu Hause war, gingen Julias Kinder stets demonstrativ in ihre Zimmer. Die Ablehnung traf Julia sehr. Natürlich hatten die Kinder auch sehr unter dem Tod ihres Vaters gelitten, andererseits waren sie aber schon erwachsen, lebten zwar noch zu Hause, führten aber dennoch ihr eigenes Leben. Aber ihrer Mutter wollten sie dieses Recht nicht zugestehen!

Irgendwann kam Johannes nicht mehr nur zu Besuch, sondern übernachtete auch bei Julia. Als sich alle dann morgens beim Frühstückstisch trafen, konnten sich Julias Kinder die Bemerkung *„Was will der denn hier?"* nicht verkneifen. Die Situation war eskaliert. Der Sohn rannte aus dem Zimmer, die Tochter schaute Julia vorwurfsvoll an und folgte ihrem Bruder. Johannes versuchte die Situation zu retten, indem er vorschlug: *„Es ist wohl besser, ich lasse euch erst mal alleine?"* Johannes ging und als Julia wieder mit ihren Kindern allein war, stellte sie sie enttäuscht zur Rede: *„Ihr wisst doch, wie schön es ist, einen Menschen zu haben, den man liebt. Warum gönnt ihr mir das nicht?"* Astrid war die Erste, die sich zu Wort meldete: *„Mama, ich hätte nie gedacht, dass das etwas Ernstes ist, dass du nach Papa überhaupt noch einmal einen anderen Mann lieben könntest!"*

Doch Julia war es ernst mit Johannes. Sie zog sich zurück, ging mit sich „in Klausur" und wurde sich über wichtige Dinge klar: Ihre Kinder sollten auch weiterhin das Wichtigste in ihrem Leben bleiben. Aber sie liebte auch Johannes. Sie erkannte, dass es ihr gutes Recht und kein Egoismus war, an ihrem Glück mit Johannes festzuhalten. So nachgiebig sie gegenüber ihren Kindern immer gewesen war, hier ging es um *ihr* Leben und dafür war sie bereit zu kämpfen.

Die folgenden Wochen gestalteten sich äußerst schwierig, aber Johannes' Liebe richtete Julia immer wieder auf. Irgendwann heirateten Julia und Johannes sogar und Astrid und Marc gaben scheibchenweise ihren Widerstand gegen Johannes auf. Schritt für Schritt akzeptierten sie die neue Situation und heute gehört Johannes ganz normal zur Familie. Es hat sich für Julia gelohnt, um ihr Glück zu kämpfen.

Solange Vater oder Mutter nur eine Freundin bzw. einen Freund haben, tolerieren die meisten Kinder das. Die gravierende Veränderung ihres Lebens entsteht erst, wenn der neue Partner ihres Elternteils zum Familienmitglied wird, sei es durch Heirat oder partnerschaftliches Zusammenleben. In diesem Falle entsteht eine *Patchwork-Familie*[14]*,* also eine Familie, in der Vater, Mutter und Kinder aus verschiedenen Ursprungsfamilien oder Partnerschaften stammen.

Das Zusammenleben in einer Patchwork-Familie ist vielfach von Konflikten geprägt: Unterschiedliche Lebensstile, Wertvorstellungen, Gewohnheiten, Regeln und Erwartungen müssen aufeinander abgestimmt werden. Alle Familienmitglieder müssen ihren Platz und ihre Rolle in dem neuen Familiensystem finden. Viele Kinder empfinden es daher als besondere Bedrohung, wenn der neue Partner der Mutter – eventuell mit eigenen Kindern – in das Haus einzieht, in dem sie zuvor mit ihrem nun abwesenden oder verstorbenen Vater gelebt haben. Andererseits sperren sich Kinder, wenn ein Umzug in eine andere Stadt oder eine neue Umgebung geplant ist, nur weil Mama einen „Neuen" hat, denn das bedeutet für sie, dass sie die Schule wechseln müssen und ihre Freunde verlieren. Zumindest in der Gründungsphase einer Patchwork-Familie ist daher mit Widerstand der Kinder gegen das neue Familienmitglied zu rechnen, denn es wird ihnen eine Lebensform aufgezwungen, die sie sich nicht ausgesucht haben.

Hierzu ein Beispiel:

Sebastian (48) und Linda (36) lernen sich kennen und verlieben sich ineinander.

Sebastian hat zwei Söhne, 16 und 18 Jahre alt, die noch bei ihrer Mutter leben. Linda hat einen Sohn, Florian (10), der bei ihr lebt. Die Ehe von Linda scheiterte, als Florian 9 Jahre alt war.

Lindas Sohn Florian spielt gerne mit Sebastian, dem neuen Freund seiner Mutter, Fußball. Die beiden „Männer" verstehen sich prächtig und Linda freut sich, dass es so gut funktioniert. Erst als Sebastian nach einigen Monaten bei Linda und Florian einzieht, wird alles anders. Florian wehrt sich plötzlich gegen Sebastian als neues Familienmitglied, ist eifersüchtig, besinnt sich plötzlich auf seinen „richtigen" Papa (auch wenn er diesen äußerst selten zu sehen bekommt) und lehnt Sebastian ganz offen ab. Linda ist hin- und hergerissen und weiß nicht, wie sie mit dem Konflikt zwischen Florian und Sebastian umgehen soll.

Nachdem Sebastian ein Beratungsgespräch bei einer Familientherapeutin in Anspruch genommen hat, ist er jetzt nicht mehr so gekränkt, wenn Florian ihn meidet oder sich abwendet. Sebastian versucht es nun mit der Strategie, sich bewusst weniger um Florian zu kümmern und ihn eher gleichgültig zu behandeln.

Die ablehnende Haltung von Kindern gegenüber einem Stiefelternteil (Seite 107) hat fast immer mit Verlustängsten zu tun. Das ist verständlich, denn sie hatten ja bereits unter der Trennung genügend zu leiden. Kinder sehnen sich stets, bewusst oder unbewusst, nach einer „kompletten" Familie, nach einem Zusammenbleiben ihrer Eltern. Ist das nicht möglich, so soll wenigstens kein Dritter in die Exklusivbeziehung Vater/Kind bzw. Mutter/Kind einbrechen. Manchmal wird Kindern auch erst durch die neue Partnerschaft eines Elternteils die Endgültigkeit der Trennung der leiblichen Eltern bewusst. In den meisten Fällen steckt hinter dem „ablehnenden Vermeidungsverhalten" gegenüber dem „Neuen" pure Eifersucht gegenüber dem „Eindringling". Aufmerksamkeit und Zärtlichkeiten, die bisher dem Kind ganz alleine gehörten, müssen geteilt werden. Der „Neue" wird in Entscheidungen einbezogen, die der kleine Familienrat früher unter sich getroffen hat.

Die wenigsten Patchwork-Eltern wissen, wie sie am besten damit umgehen sollen, wenn sie subtil oder sogar offen abgelehnt werden. Empfindungen von Gekränktheit, Traurigkeit oder Wut sind in solchen Situationen ganz normal. Es gibt hier keine Patentrezepte. Hilfreich können aber häufige Gespräche sein, um Kindern zu erklären, dass ein erwachsener Mensch eben auch einen erwachsenen Partner braucht, um glücklich zu sein, dass dieser Partner keine Konkurrenz ist, sondern Bedürfnisse befriedigt, die ein Kind nun mal nicht befriedigen kann. Es muss in diesen Gesprächen unmissverständlich klargemacht werden, dass ein neuer Partner niemals die Gefühle für das eigene Kind mindern oder gar schmälern kann. (Dieses Thema wird im Abschnitt: „Stiefeltern und Stiefkinder" vertieft.)

Ich habe in den vorausgegangenen Abschnitten darauf hingewiesen, dass man vorsichtig sein sollte, sich in einen „Partner mit Vergangenheit" zu verlieben, und habe auf einige Risiken hingewiesen wie fehlende Bindungsfähigkeit oder sog. „Altlasten". Aber nicht selten *unterschätzen* verliebte Paare, die eine „Fortsetzungsfamilie" zu gründen beabsichtigen, die Einflüsse aus der Vergangenheit. Diese können das Leben in einer Patchwork-Familie empfindlich stören.

IV
STÖRFAKTOREN IN EINER PATCHWORK-FAMILIE

Störende Einflüsse auf die Patchwork-Familie können ausgehen von:
1. der Ex-Frau
2. vom Ex-Mann
3. vom sozialen Umfeld der Partner und
4. von nicht verarbeiteten emotionalen Verletzungen aus früheren Beziehungen.

1. Die unverarbeiteten Probleme aus der vorausgegangenen Beziehung

In den ersten Wochen und Monaten einer neuen Liebe spricht bekanntlich eher das Herz als der Verstand und deshalb kann und will man keine Probleme sehen. So kommt es, dass möglicherweise noch bestehende „emotionale Altlasten", wie mehr oder weniger bittere oder sogar traumatische Erfahrungen, die weitere Entwicklung der neuen Beziehung stören können.

Wer einen neuen Partner sucht, möchte einen Menschen finden, der ihn liebt und möglichst die Verletzungen heilt, die der Ex-Partner verursacht hat. Wer z. B. in seiner vorausgegangenen Partnerschaft unterdrückt, gedemütigt oder betrogen wurde, hat negative Erfahrungen gemacht, die es ihm erschweren, zu einem neuen Partner Vertrauen aufzubauen.

Hajo, 45:

„Ich bin frisch verliebt, habe auch keine ‚emotionalen Alt-lasten' aus vorherigen Beziehungen und bin bereit für eine neue, ernste Bindung. Im Gegensatz zu mir hat aber die Frau, die ich liebe, noch diese Altlasten aus einer langjähri-gen Beziehung mit allem Ärger, den man sich vorstellen kann. Sie ist betrogen und verlassen worden und hat Pro-bleme damit, ihre Vergangenheit loslassen zu können. Wir reden immer wieder über alles und oft bekomme ich Sätze zu hören wie „Ich will es versuchen, die Tür in die Vergan-genheit endlich zu schließen". Das verunsichert mich. Ich weiß nicht, wie ich mich verhalten soll und ob diese Frau überhaupt beziehungsfähig und bereit ist für etwas Neues."

Dieses Beispiel zeigt, dass die Altlasten in Form *unverarbeiteter Vergangenheit* eine neue Partnerschaft erheblich verunsichern und belasten können. Hajo muss erkennen, dass seine neue Part-nerin in ihrer vorherigen Beziehung viel mitgemacht hat und dass sie erst wieder lernen muss, zu vertrauen und sich einzulassen. Sie muss ihre Ängste überwinden und wieder lernen, sich wohlzufühlen. Dafür braucht sie Zeit. Hilfreich kann es sein, wenn der neue Partner rücksichtsvoll ist, lieb, nett, ehrlich und verständnisvoll und ihre Sorgen ernst nimmt. Verarbeitung, Vergessen- und Loslassenkönnen brauchen Zeit.

Eine neue Beziehung kann nur störungsfrei funktionieren, wenn wir ihr eine faire Chance geben. Meist aber überlagern schlechte Erfahrungen unser Leben wie eine dunkle Wolke. Wir neigen dazu, uns vor Enttäuschungen und seelischem Schmerz zu schüt-zen und übertragen schlechte Erfahrungen, die wir mit einem Menschen gemacht haben, ungerechterweise auf jemanden, der mit unseren Vorerfahrungen nichts zu tun hat.

Ein Beispiel:

Eine Frau befand sich in einer unglücklichen Beziehung. Sie gab all ihr Vertrauen, all ihre Liebe, doch der Mann benutzte sie, betrog und belog sie. Nach einer langen Zeit des Leidens schaffte sie endlich die Trennung. Sie schwor sich: So etwas passiert mir nie wieder!

Einige Zeit später lernte sie einen anderen Mann kennen. Der Mann liebte sie aus tiefstem Herzen, war ihr gegenüber treu und aufrichtig, doch ihr Misstrauen aus der vorherigen unglücklichen Beziehung saß so tief, dass sie ihn mit ihrer Eifersucht peinigte und sich mit ihm nicht emotional einlassen konnte, aus Angst, wieder verletzt zu werden. Auch diese Beziehung scheiterte.

Das Beispiel lehrt uns Folgendes:

Wenn wir unserem Partner misstrauen, dann unterstellen wir ihm, dass er etwas tut, was uns schadet. Wir befürchten z. B., dass er uns betrügt, unehrlich ist, uns verlässt. Wir sind umso misstrauischer gegenüber unserem Partner, je häufiger wir schlechte Erfahrungen in Partnerschaften gemacht haben.

Misstrauen vergiftet die Liebe. Wir suchen im Alltag nach Beweisen, dass unser Misstrauen berechtigt ist. Das kann dazu führen, dass wir die guten Seiten unseres Partners übersehen. Eine Partnerschaft kann aber nur im gegenseitigen Vertrauen funktionieren. Misstrauen führt zu Kontrollen und Kontrollen vergiften jede Beziehung. Das Motto *„Vertrauen ist gut, Kontrolle ist besser"* ist keine gute Basis für eine Beziehung.

Nichts kann eine neue Partnerschaft so sehr belasten, wie eine noch nicht verarbeitete Trennung! Doch der neue Partner verdient es, dass keine größeren emotionalen Altlasten in die neue Liebe hineingetragen werden. Wenn man eine Beziehung eingeht, dann muss man zumindest die Bereitschaft mitbringen, sich für die Vergangenheit des anderen zu interessieren, denn nur so ist zu ergründen, wodurch er wurde, was er ist, warum er so und nicht anders reagiert.

Jeder muss sich aber auch selbst richtig einschätzen, insbesondere, ob er das Gepäck der Vergangenheit mittragen kann, oder ob es vielleicht doch zu schwer ist.

2. Stets präsent – Die Ex-Frau

Es ist leicht nachzuvollziehen, dass zwischen der Zweitfrau und der Ex-Frau keine besondere Sympathie vorausgesetzt werden kann. Eher besteht tief empfundene Abneigung, wie das folgende Beispiel zeigt:

Stefanie, 41:

„Ich habe ein Problem mit der Vergangenheit meines neuen Partners. Mein Freund, den ich sehr liebe, hat ein Kind aus erster Ehe, mit dem ich mich gut verstehe. Wir sind an dem Punkt angelangt, eine gemeinsame Zukunft zu planen. Das Problem ist die Ex-Frau. Sie ist wegen des Kindes sehr präsent. Das Problem ist, sie kann mich nicht ausstehen, und ich kann sie mittlerweile ebenfalls nicht mehr ausstehen. Ich denke mir manchmal, das gibt es doch wohl nicht, dass ich jetzt für die nächsten paar Jahre mit dieser Frau durch das Kind meines Freundes verbunden sein werde. Sie ist eine Art Mensch, mit dem ich normalerweise absolut nichts am Hut haben möchte. Manchmal macht mich der Gedanke krank. Aber ich kann doch nicht den Mann, den ich liebe, deswegen aufgeben. Wir haben sehr viel über die Situation gesprochen – er ist sehr verständnisvoll und wir haben uns geeinigt, den Kontakt mit ihr für mich auf das Minimum zu beschränken, aber trotzdem, sie wird immer irgendwie da sein. Sie ist die Mutter des Kleinen."

Belastend für die Zweitfrau – und damit auch für die neue Beziehung – wirken sich neben der konkurrenzbedingten Antipathie ständige Einmischungen der Ex-Frau aus. Ist der neue Partner Vater, spielt die Ex-Partnerin in der neuen Beziehung eine besondere Rolle. Durch Kinder und Unterhaltsverpflichtungen bleiben die Ex-Partner miteinander verbunden.

Folgendes Szenario dürfte Zweitfrauen geläufig sein: Endlich ist Wochenende. Seine Kinder sind bei ihrer leiblichen Mutter, das Wetter ist herrlich und Sie haben endlich mal wieder zu zweit einen Ausflug ins Grüne geplant. Plötzlich klingelt sein Handy. Sie ahnen Böses und bekommen Recht: Es ist mal wieder die „Ex". Sofort müssen alle Pläne geändert werden, denn er wird gleich zu ihr fahren, weil er immer zur Stelle ist, wenn sie pfeift.

Zweitfrauen sollten sich mental darauf einstellen, dass häufiger das Telefon klingeln kann und die „Ex" etwas will: *„Ich bin krank, bitte nehmt ihr die Kinder eine Woche lang."* Oder: *„Mein Wasserhahn tropft, kannst du mir den reparieren?"*

Es ist nicht leicht zu ertragen, wenn sich die Ex-Frau durch ständige Anrufe in die neue Partnerschaft drängt. Wärmen die beiden Ex-Partner immer wieder Erinnerungen an alte Zeiten auf oder besprechen sie wirklich nur Probleme miteinander? Die fehlende Distanz zwischen den Ex-Partnern nervt die Zweitfrauen und macht ihnen Angst. Sie befürchten, dass das alte Paar wieder zusammenfinden könnte.

Zweitfrauen werden in ihrem Leben von einem Geist begleitet. Es ist der Geist der „Verflossenen", vor dem es kein Entrinnen gibt und der die neue Beziehung/Ehe beeinflussen wird.

Besonders dunkel sind die Schatten der Vergangenheit, wenn Zweitfrauen in die Wohnung oder das Haus ziehen, das die Ex verlassen hat. Die Erinnerung an die vorherige Beziehung sitzt in der alten Umgebung in allen Ecken. Die Anwesenheit der „Ex" ist überall zu spüren. Vor allem Kinder wehren sich in der gewohnten Umgebung gegen jede Art Veränderung. Sie möchten, dass alles so bleibt wie zu den Zeiten, als die Eltern noch zusammenlebten. Die Zweite hat dann das Gefühl, „Ersatzteil" zu sein und das Leben ihrer Vorgängerin weiterführen zu müssen.

In Zeiten, in denen Beziehungen immer häufiger scheitern, gibt es fast immer eine „Schattenfrau". Männer ohne Vergangenheit findet man ab einem bestimmten Alter vermutlich nur in Klöstern. Es gibt die Vorgängerinnen, auf die viele Zweitfrauen eifersüchtig sind, weil die „Ex" die Einzigartigkeit ihrer Beziehung in Frage stellt und damit eine Illusion zerstört. Wenn Zweitfrauen sich allerdings bewusst machen, dass die Geschichte eines Menschen immer ein Teil seiner Persönlichkeit ist und der „gebrauchte Mann" durch das Leben mit der „Ex" zu dem geworden ist, was er ist, beziehungserfahren, anpassungsfähig und vertraut mit Bedürfnissen einer Frau, dann kann die „Verflossene" als ein wichtiger Baustein in seinem Leben wahrgenommen werden.

Wer einen geschiedenen Mann mit Anhang heiratet, muss damit rechnen, dass die Ex-Partnerin die „Dritte im Bunde" ist und Einfluss auf das Leben des Ex-Mannes und seiner neuen Partnerin hat. Und auch gerichtliche Auseinandersetzungen tragen dazu bei, dass die Ex-Frau in der neuen Beziehung stets präsent ist, quasi wie ein dunkler Schatten über der Beziehung schwebt. Doch die meisten Zweitfrauen machen sich vor ihrer Entscheidung, eine Zweitfamilie zu gründen, nicht bewusst, wie weit der Schatten der Vorgängerin reichen kann.

Andrea, 39:

„Wir sind noch eine ziemlich frische Patchwork-Familie. Vor ungefähr einem Jahr habe ich meinen Traummann kennengelernt – leider verheiratet und Vater zweier Kinder. Er hat sich meinetwegen von seiner Familie getrennt.

Ich selbst habe eine Tochter und bin seit einem Jahr von

meinem Ex getrennt. Die Beziehung zu meinem Ex ist super und wir haben keine Probleme miteinander – alles im Einvernehmen gelöst und wir sind uns auch in der Erziehung meistens einig. Alles könnte wunderbar und harmonisch sein, wenn da nicht auch noch die ‚Vergangenheit' meines Traummannes wäre. Seine ‚Ex' legt uns ständig Steine in den Weg. Vor allem die Besuchszeiten bringen immer wieder Streit in unsere Beziehung. Sie ändert oft kurzfristig Abmachungen oder verlangt auch oft von einem Tag auf den anderen, dass mein Mann sich morgen um die Kinder zu kümmern hat. Wenn er dann nicht gleich damit einverstanden ist, qualifiziert sie ihn als ‚schlechten Vater' ab, der sich nicht um seine Kinder kümmert und sie dann zur Strafe nicht mehr zu sehen bekommt. Aus Angst, seine Kinder nicht sehen zu dürfen, gibt er ihr fast immer nach und zwischen mir und ihm brodelt es dann.

Ich empfinde Erpressung als falschen Weg und habe vorgeschlagen, dass beide Eltern einen Besuchsplan aufstellen sollten, an den man sich im Regelfall zu halten hat, u. a. auch deshalb, um das eigene Leben besser planen zu können. Seine Ex lehnt eine verbindliche Lösung ab. Mit meinem Ex-Mann hat eine solche Besuchsregelung wunderbar geklappt. Aber im Gegensatz zu der Ex-Frau meines Mannes ist mein Ex-Mann vernünftig und wohlwollend. Ich wünschte mir, der Streit um die Besuchszeiten hätte endlich ein Ende, weil er inzwischen auch für unsere Beziehung zur Belastung wird."

Das vorausgegangene Beispiel zeigt, dass die Ex-Frau am längeren Hebel sitzt, und wie störend es sich auswirkt, wenn keine klaren Absprachen getroffen werden. Viele Zweitfrauen fühlen sich durch die Ex-Frau ihres Partners dominiert, zurückgesetzt und ausgenutzt, gerade weil sie oft sehr viel für die Kinder aus erster Ehe tun und dafür sogar ihre eigenen Bedürfnisse zurückstellen. Sie versuchen, als Vermittlerin, Partnerin und Ersatzmutter perfekt zu sein, ohne dass das honoriert wird.

In Deutschland ist es – trotz der Einführung des gemeinsamen Sorgerechtes im Jahr 1998 – üblich, dass sich die Kontakte eines geschiedenen Vaters zu seinen Kindern häufig darauf beschränken, sein Besuchs- oder Umgangsrecht an Wochenenden oder in den Ferien wahrzunehmen, denn die meisten Kinder leben nach der Scheidung und trotz des gemeinsamen Sorgerechtes überwiegend bei ihren Müttern. Das bedeutet, dass die Mutter entscheidet, wann die Kinder den Vater besuchen, wann und auch wohin sie mit ihm in Urlaub fahren und wann wer mit wem welche Feste feiert. Von diesen einsamen Entscheidungen der „Ex" ist auch eine Zweitfrau betroffen. Sie muss ihre Wochenend- oder Urlaubsplanungen den Wünschen der „Ex" unterordnen.

Allein die Tatsache, dass es wegen der Kinder zwangsläufig immer wieder zur Begegnung des Vaters mit der Ex-Frau und zur Konfrontation mit der Vergangenheit kommt, ist geeignet, die neue Ehefrau zu verunsichern.

Ex-Frauen sind sehr einfallsreich, wenn es darum geht, Termine platzen zu lassen. So kann es vorkommen, dass Besuchspläne in letzter Minute umgeworfen werden, das Kind kommt am Besuchswochenende nicht, obwohl Vater und Stiefmutter extra seinetwegen alle eigenen Planungen umgestellt haben. Um ihre Kinder überhaupt zu sehen, lassen sich Väter oft auf diese Schikanen ein. Von der Zweitfrau wird erwartet, dass sie sich und ihr Leben den Vorgaben der „Ex" anpasst. Dass ihr Leben gerade von der Ex-Frau des Ehemannes „fremdbestimmt" und gesteuert wird, ist für viele betroffene Zweitfrauen eine starke Belastung und nur schwer zu ertragen.

Zweitfrauen sind in keiner beneidenswerten Lage. Viele dieser

Frauen konzentrieren sich ganz auf die Gefühle des Partners und vernachlässigen ihre eigenen. Sie stellen ihre Ängste und Sorgen zurück, obwohl sie sich immer wieder als „Frau zweiter Klasse" fühlen müssen. Aber selbst, wenn es konfliktfreier zugeht, wenn die Ex-Partner nach der Trennung Freunde bleiben und es weder Streit ums Geld noch um die Kinder gibt, beschleicht die Zweitfrau ein natürliches Misstrauen, wenn sich die Ex-Partner zu gut verstehen.

Zweitfrauen müssen damit leben, dass die Vorgängerin dann als „*beste Freundin*" eine besondere Position einnimmt und viel Zeit im Leben des Mannes beansprucht. So manche Zweitfrau hat dann das Gefühl, ihren Partner mit der Vorgängerin teilen zu müssen, weil er immer zur Stelle ist, wenn sie nach ihm ruft. Es gehört schon sehr viel Selbstbewusstsein und Souveränität dazu, zu akzeptieren, dass die Ex-Frau durch ständige Anrufe oder Besuche Dauerpräsenz beansprucht. Manche Zweitfrau wird dann den Eindruck haben, eine Ehe zu dritt zu führen.

Eifersucht auf die gemeinsame Vergangenheit und die gemeinsamen Erinnerungen des Mannes mit seiner Erstfamilie kann bei Zweitfrauen eine dominierende Rolle spielen. Die Zweitfrau, als neue Partnerin, fühlt sich ausgeschlossen, als „fünftes Rad am Wagen". Die fehlende Distanz zwischen den Ex-Partnern nervt manche Zweitfrau und macht dieser Angst. Sie befürchtet, dass das alte Paar wieder zusammenfinden könnte nach dem Motto „*alte Liebe rostet nicht*". Aber, wenn die Erstehe so toll gewesen sein soll, warum ist sie dann in die Brüche gegangen?

Eine verschärfte Variante für die Zweitfrau ist das Leben mit dem Schatten einer *verstorbenen* Frau. Verstorbene Frauen beeinflussen das Leben der Nachfolgerinnen zwar nicht aktiv, können trotzdem überall präsent sein und eine wichtige Rolle im Leben der neuen Frau einnehmen. So manche Zweitfrau hat oft das Gefühl, „Ersatzteil" zu sein, und kann sich oft des Eindrucks nicht erwehren, dass ihr Mann eigentlich lieber mit der verstorbenen Vorgängerin zusammen wäre. Verstorbene werden häufig idealisiert, auf ein Podest gestellt und mit einem Heiligenschein umgeben. Die neue Partnerin konkurriert unbewusst und versucht, dem „Idol" nachzueifern. Das aber ist unerreichbar, denn im Gegensatz zu einer entrückten Verstorbenen muss sich eine Zweitfrau im wirklichen Leben bewähren. Dazu eine Geschichte:

„Das Gewürz der Seligen"

In einem nordhessischen Dorf, nahe der Stadt Kassel, lebte ein Pfarrer zusammen mit seiner Frau. Er war ein redlicher Mensch und ein guter Ehemann, der seine rechtschaffene, brave Ehefrau von ganzem Herzen liebte.

Jeden Morgen kochte ihm seine Frau, wie er das von Kindesbeinen an gewohnt war, zum Frühstück Haferbrei. Leider war seine Frau jedoch keine allzu gute Köchin und so kam es, dass in schöner Regelmäßigkeit der Haferbrei immer ein wenig anbrannte. Dem Pfarrer fiel das irgendwann nicht mehr auf, im Gegenteil, weil er seine Frau mochte, mochte er auch den Haferbrei samt dem sonderbaren Geschmack. So gingen die Jahre dahin, bis Gott seine geliebte, brave Frau zu sich rief. Natürlich war der wackere Pfarrer tieftraurig über ihren Tod. Doch war ihm offenbar Gott wohlgefällig, denn er fand alsbald eine zweite Frau, die er ebenso liebte, wie seine Verstorbene, ja vielleicht mehr noch, denn sie konnte auch noch vortrefflich kochen. Gleichfalls bereitete sie ihm jeden Morgen den geschätzten Haferbrei zu, der erwartungsgemäß, wegen ihrer Kochkunst, wohlschmeckend und ohne anzubrennen auf den Tisch kam. Doch der Pfarrer wunderte sich jedes Mal und sagte: „Liebste, dein Haferbrei schmeckt vorzüglich, jedoch meine erste Frau, die Selige, hatte ein bestimmtes Gewürz, das ich vermisse." Verständlicherweise war seine neue Frau es leid, immer mit ihrer Vorgängerin, der „Seligen", verglichen zu werden, aber sie wusste sich keinen Rat, bis eines Tages, wo auch ihr aus Versehen der Haferbrei anbrannte, und ihr Gatte mit dem Löffel in der Hand schon am Tisch saß. So musste sie notgedrungen den angebrannten Haferbrei bangen Herzens servieren. Als jedoch der Pfarrer den ersten Löffel im Mund hatte, strahlte er und rief: „Da ist das Gewürz, du hast es nun endlich gefunden, sag was ist es." Die Frau antwortet ein wenig verlegen und erleichtert: „Das ist das Gewürz der Seligen."[15]

Und die Moral von der Geschichte: Die Gewohnheit ist so mächtig, dass wir manchmal selbst unangenehme Dinge für angenehm halten.

Inzwischen gibt es eine interessante Homepage für Zweitfrauen, auf der sich Betroffene miteinander austauschen können: www.zweitfrauen.de

3. Der Einfluss des Ex-Mannes über das gemeinsame Sorgerecht

Im Gegensatz zu der Auffassung mancher alleinerziehender Mütter brauchen Kinder nach übereinstimmender Meinung von Kinderpsychologen Mutter *und* Vater, um sich seelisch gesund entwickeln zu können. Wenn also die Elternschaft die Sache zweier Menschen ist, heißt das auch im Trennungsfall, dass die Eltern über das *gemeinsame Sorgerecht* weiterhin im Sinne ihrer Kinder Kontakt zueinander haben sollten. Das hat auch der Gesetzgeber bei der Reform des Kindschaftsrechtes berücksichtigt

und macht das gemeinsame Sorgerecht seit 1998 für Scheidungskinder zum Regelfall. (s. Anhang: „Neufassung des Kindschaftsrechtes").

Das gemeinsame Sorgerecht betrifft die Verantwortung beider
Eltern zu entscheidenden Fragen, die über das Wohl und die Zukunft des Kindes bestimmen. Dazu gehören u. a.:

- Entscheidungen über die Schule, die das Kind besuchen soll.
- Unterschriften, die für Gesundheitsfragen, Kinderausweis,
  Kindergarten und Schule gebraucht werden.
- Das Recht über die Bestimmung des Wohnortes des Kindes
  (Aufenthaltsbestimmungsrecht).

Sinnvoll ist das gemeinsame Sorgerecht nur dann, wenn Eltern
zum Wohle des Kindes zusammenarbeiten. Wenn Eltern nicht kooperieren, also über Kind und Sorgerecht streiten, wird das gemeinsame Sorgerecht zum Bumerang und schadet allen Beteiligten: So kann der nicht betreuende Elternteil (und das ist meist
der Vater) dem Elternteil, bei dem das Kind wohnt, das Leben
schwer machen.

Entscheidungen über den Schulbesuch oder über eine Impfung
beispielsweise können jetzt zwar beide Eltern treffen, ausbaden
muss es aber meist derjenige, der die Hausaufgaben betreut
oder etwa ein ungeimpftes Kind zu Hause pflegt.

Auch das sogenannte *Aufenthaltsbestimmungsrecht* bietet un-
angenehmen Zündstoff: Der Elternteil, bei dem sich das Kind die
meiste Zeit aufhält, kann nur mit Genehmigung des Ex-Partners
umziehen, weil dieser dem Umzug des Kindes zustimmen muss.
Der nicht betreuende Elternteil hingegen kann jederzeit und
ohne die Erlaubnis seiner Ex-Familie die Stadt verlassen.

Das Aufenthaltsbestimmungsrecht eines Elternteils hat leider
auch Auswirkungen auf eine Zweitfamilie, wie folgendes Beispiel
zeigt:

Birgit, 41:

„Zwei Jahre nach der Scheidung lernte ich per Internet einen netten Partner, ebenfalls geschieden und mit einem Kind, kennen und lieben. Inzwischen sind wir auch verheiratet und leben mit seinem Sohn und meiner Tochter in einer Patchwork-Familie.

Vor kurzer Zeit bekam mein Mann ein tolles Angebot von seiner Firma, durch das er beruflich aufsteigen konnte. Der Haken an dem tollen Angebot bestand darin, dass der neue Arbeitsplatz in Süddeutschland liegt, während unser derzeitiger Wohnsitz in NRW ist. Um mit meiner Tochter umziehen zu können, brauche ich die Zustimmung meines Ex-Mannes, die er mir aber nicht gibt. Immerhin hätte ich ihn verlassen. Entweder muss mein Mann auf sein berufliches Weiterkommen verzichten oder er zieht allein nach Süddeutschland und wir sind dann gezwungen, eine Wochenendbeziehung zu haben."

Dieses Beispiel ist kein Einzelfall. Immer wieder kommt es vor, dass geschiedene Elternteile mit dem gemeinsamen Kind – wegen einer neuen Liebe oder eines neuen Jobs – in eine andere Stadt ziehen möchten und dafür nicht die Zustimmung des anderen Elternteils erhalten. So wird das gemeinsame Aufenthaltsbestimmungsrecht der leiblichen Eltern missbraucht, um Macht auszuüben und Zweitfamilien zu belasten.

Grundsätzlich steht das Aufenthaltsbestimmungsrecht beiden Elternteilen zu, wenn sie bei der Geburt des Kindes verheiratet waren. Es besteht die Möglichkeit, das Sorgerecht oder das Aufenthaltsbestimmungsrecht im Wege eines Rechtsstreits auf einen Elternteil zu übertragen. In diesem Fall prüft das Familiengericht in erster Linie, welche Regelung dem Kindswohl am besten gerecht wird. Dabei wird auch das Kind angehört, wenn es mindestens 12 Jahre alt ist und überzeugend darlegen kann, dass es in seiner alten Umgebung leben und nicht mit einem Elternteil in eine andere Stadt ziehen möchte. Dann wird dem Elternteil, der in der gewohnten Umgebung bleibt, in der Regel das alleinige Sorgerecht oder das alleinige Aufenthaltsbestimmungsrecht zugesprochen.

Neben dem ausdrücklich geäußerten Willen des Kindes sind stets alle Faktoren des Einzelfalls bei der Begutachtung zu berücksichtigen. So ist es zum Beispiel unerlässlich, dass der Elternteil auch tatsächlich in der Lage ist, das Kind zu betreuen. Auch sind das Alter des Kindes und die bisherigen sozialen Kontakte mitentscheidend.

4. Die Ablehnung des neuen Partners vom sozialen Umfeld

Mit „sozialem Umfeld" sind gemeint die Mitglieder der Herkunftsfamilien (Vater, Mutter, Opa, Oma, Geschwister, Schwiegereltern, Onkel, Tanten usw.), die Freunde, Bekannte, Nachbarn, Vereinsmitglieder und Arbeitskollegen.

Wer eine Patchwork-Familie gründet, hat es bezüglich seiner *sozialen Kontakte* nicht leicht, denn das soziale Umfeld ist zunächst verunsichert, weil es mit einem neuen, fremden Partner konfrontiert wird.

Die früheren Beziehungen zu *befreundeten Ehepaaren* stehen auf dem Prüfstand, weil ein Partner herausgelöst und durch einen fremden ersetzt wurde. Gelingt es z. B. der Zweitfrau nicht, sich als Nachfolgerin der Ex-Frau Sympathie zu verschaffen, wird ihr mehr oder weniger subtil Ablehnung signalisiert. Einladungen werden unter fadenscheinigen Gründen ausgeschlagen, der zeitliche Abstand zwischen den Treffen der Freundespaare mit dem neuen Ehepaar wird immer größer, die Kontakte beschränken sich in der Folge auf den Ehemann oder werden vollständig abgebrochen.

Es wird nun auch deutlich, wer früher aktiv die Beziehung gepflegt hat. Oft sind die Frauen die Organisatoren der Beziehungspflege und die Männer nur die Nutznießer. Frauen pflegen auch untereinander eine intensivere, emotionale Kommunikation. So waren sie als gute Freundinnen vielleicht „Klagemauer" und haben vieles von den Beziehungsproblemen der ersten Ehe mitbekommen und meist auch für eine Seite Position bezogen. Daher empfinden sie vielleicht auch einen Loyalitätskonflikt und meiden das „neue Paar".

Besonders schwer haben es Frauen, die mit einem getrennt lebenden, noch nicht geschiedenen Mann zusammengelebt haben und als Scheidungsgrund gelten. Sie tragen dann mit dem Makel „Ehebrecherin" eine schwere Hypothek. Sie haben keine Chance, vom sozialen Umfeld mit offenen Armen aufgenommen zu werden. Manche Ex-Frauen verbreiten sogar bewusst das Gerücht, dass ihre Nachfolgerin ihre Ehe zerstört habe und sorgen so dafür, dass die neue Partnerin von Bekannten und Verwandten geschnitten wird. Nicht selten verliert der Mann alle seine Freunde, so dass sich das neue Paar einen neuen Bekanntenkreis aufbauen muss. Nach meiner Erfahrung schrumpft nach der Gründung einer Zweitfamilie der Freundes- und Bekanntenkreis erheblich, manche sagen, er halbiere sich.

Auch die *Herkunftsfamilie* kann überfordert sein, wenn sie sich nach der Trennung z. B. ihres Sohnes von ihrer Schwiegertochter an eine Nachfolgerin gewöhnen soll, hatte man doch die Schwiegertochter vielleicht sehr gern gemocht. Darf z. B. diese – wie früher – zu einer Familienfeier eingeladen werden? Und was soll aus den Beziehungen der Eltern zu den Ex-Schwiegereltern werden? Müssen die Kontakte abgebrochen werden?

Bei den Eltern hängt womöglich noch das Hochzeitsfoto der ersten Ehe über dem Sofa – eine Provokation für die „Neue"! Aber, warum sollten sie das Bild abnehmen? Sie haben sich ja nicht zur Trennung entschieden. Sie hätten es lieber gesehen, wenn das Paar friedlich zusammengeblieben wäre.

Mit der Scheidung und Gründung einer Zweitehe entsteht ein Riss durch das gesamte Familiensystem. *Jedes* Familienmitglied muss sich neu positionieren.

Besondere Ablehnung gegenüber einem wieder verheirateten Paar ist von einem konservativ-katholisch geprägten sozialen Umfeld zu erwarten:

Die katholische Kirche diskriminiert geschiedene Paare, die wieder heiraten, denn nach katholischem Kirchenrecht befinden sich beide Partner dann im Zustand ständigen Ehebruchs, was nach römisch-katholischer Moraltheologie eine „Todsünde" ist. Obwohl die Realität längst eine andere ist, beharrt die Kirche auf der Unauflöslichkeit der Ehe und gibt gläubigen Paaren keinen Segen für ihren Neuanfang. Wiederverheiratete Paare werden nicht nur dadurch stigmatisiert, dass ihre neue Verbindung nicht zur Kenntnis genommen wird, sondern auch dadurch, dass sie von der Teilnahme an den Sakramenten ausgeschlossen werden.

Auch ein Witwer, der seine Trauer überwunden und sich neu verliebt hat, wünscht sich, dass seine „Neue" von seinem sozialen Umfeld akzeptiert wird. Genau das aber ist eine Erwartung, die enttäuscht werden kann. Sympathie und Akzeptanz kann man sich wünschen, wenn aber das Gegenteil der Fall ist und eine neue Partnerin abgelehnt wird, dann wird man das nicht ändern können. Der „Neuen" im Beziehungssystem fehlen die gemeinsame Vergangenheit und damit gemeinsame Erinnerungen und Erfahrungen als Anknüpfungspunkte. Das allein schon macht es dem sozialen Umfeld schwer, sich an einen neuen Menschen zu gewöhnen.

Überhaupt haben manche Menschen große Schwierigkeiten, sich umzustellen und mit dem Anderssein umzugehen. Ich selbst habe im Umfeld meines Mannes bei einem seiner langjährigen Freunde die Erfahrung machen müssen, dass ich noch Jahre nach unserer Heirat (versehentlich?) mit dem Vornamen meiner verstorbenen Vorgängerin angesprochen worden bin.

Wenn sich die anfängliche Reserviertheit oder die subtile Ablehnung nicht legt, sollte man diese Freunde der Vergangenheit meiden und sich neue suchen.

V
DIE BEZIEHUNGSDYNAMIK IN EINER PATCHWORK-FAMILIE

In Patchwork-Familien besteht oft ein kompliziertes Beziehungs-
geflecht, das sich aus der Vielzahl verschiedener Familienkonstel-
lationen ergibt:

Die Partner haben mindestens ein Kind aus einer vorausgegangenen Beziehung und sie können gemeinsame Kinder haben. Zu
den leiblichen Beziehungen treten Stiefbeziehungen: Das neue
Familiensystem besteht nun zusätzlich aus Stiefeltern, Stiefkindern, Stiefgeschwistern, Halbgeschwistern und Stiefgroßeltern.

Die neuen Beziehungen sind nicht statischer Natur, sondern unterliegen fortschreitenden Veränderungen, es entwickelt sich
eine Beziehungsdynamik.

1. Stiefeltern und Stiefkinder

Jeder Stiefelternteil wünscht sich, dass er von seinen Stiefkindern
in der Patchwork-Familie geliebt oder zumindest sympathisch gefunden wird.

1.1. Sympathie oder Antipathie

Aber häufig, besonders in der Anfangsphase einer Patchwork-Familie, ist die Beziehung von Stiefelternteil und Stiefkind von Antipathie gekennzeichnet. Diese komplette Ablehnung hat oft gar
nichts mit der Person des Stiefelternteils zu tun, sondern nur
damit, dass die Anwesenheit eines anderen Menschen an der

Seite des leiblichen Elternteils verhindert, dass die leiblichen Eltern wieder zusammenkommen.

Nicht immer gelingt es dem Stiefelternteil, so mühelos wie in dem folgenden Beispiel zu einem anerkannten „Freund" der Familie zu werden:

Harald, 52:

„Es war ein lauer Sommerabend, als ich meinen Antrittsbesuch in der Familie meiner heutigen Lebensgefährtin machte. Zuvor haben wir uns immer nur in Cafes oder Restaurants getroffen, doch an diesem Abend sollte ich auch ihre drei Jungen im Alter von vier, acht und 10 kennenlernen. Marietta begleitete mich in die Küche und da saßen sie, wie aufgereiht, auf der Eckbank und schauten mich an. Auch ich war etwas nervös bei diesem ersten Zusammentreffen, aber schon bald wurde mir klar, welch nette, aufgeschlossene und gut erzogene Kinder Marietta hatte. Ganz legten sie ihre Zurückhaltung den Abend nicht ab, das machte sie mir umso sympathischer, weil ich selbst eher zurückhaltend bin. Umso schöner war der Augenblick, in dem das Eis gebrochen war und die drei mich zum ersten Mal anlächelten. Das liegt inzwischen schon fast 10 Jahre zurück. Seit fast 10 Jahren begleite ich nun diese Kinder als Stiefvater und Freund.

In der Rückblende stelle ich fest, dass ich schnell vom Besucher zum Freund und Familienmitglied aufgestiegen bin. Meine Aufnahme in die Familie meiner Partnerin erfolgte unspektakulär, form- und stufenlos. Aus einem regelmäßigen Besucher wurde im Laufe der Zeit ein Freund, den die Kinder auch in Dingen des Alltags um Rat fragen konnten. Eine besonders erfreuliche Erfahrung war für mich, irgendwann als männliche Bezugsperson akzeptiert zu werden. Die Kinder hatten zu mir so viel Vertrauen gefunden, dass sie meine Anweisungen respektierten, ohne sich bei ihrer Mutter rückzuversichern.

Ich hatte immer mit Schwierigkeiten gerechnet, mich auf eine Frau mit Kindern einzulassen, und mich im Nachhinein gewundert, warum meine „Integration" ohne Abstoßungs- reaktionen von Seiten der Kinder erfolgen konnte. Sicher- lich war es von Vorteil, dass ich Kinder mochte und gut mit ihnen umgehen konnte. Aber diese Fähigkeit konnte ich nur bei kurzen Zusammentreffen mit Kindern testen. Langzei- terfahrung im Umgang mit Kindern hatte ich keine.

Hatte ich es vielleicht nur deshalb so leicht, „angenommen" zu werden, weil Mariettas Kinder realisiert hatten, dass ihr leiblicher Vater nicht mehr in die Familie zurückkommen würde, so dass sie in der Lage waren, einen neuen Partner für die entstandene Lücke an der Seite ihrer Mutter zu ak- zeptieren? Vielleicht merkten die Kinder auch, dass ihre Mutter nach der harten Trennung wieder aufblühte und es ihr besser ging?"

Eine Voraussetzung dafür, dass sich die Beziehung von Harald zu seinen Stiefkindern so positiv entwickeln konnte, ist seine Ein- stellung zu Kindern allgemein. Er sagt selbst: *„Sicherlich war es von Vorteil, dass ich Kinder mochte."*

Im folgenden Beispiel scheint diese Voraussetzung nicht gegeben zu sein, so dass sich die Beziehung zwischen Stiefkind und Stief- vater immer mehr verschlechtert:

Vivian, 17, erzählt in einem Seminar:

„Ich wohnte bis vor fünf Monaten glücklich und zufrieden zusammen mit meiner Mama. Vor fünf Monaten hat sie dann ihren Freund geheiratet, er ist bei uns eingezogen und nun weiß ich nicht mehr aus noch ein. Zuerst war ich optimistisch und freute mich für meine Mutter. Aber jetzt zeigt er sein wahres Ich. Mein Stiefvater ist ein richtiger Tyrann. Er hänselt mich ständig mit meinem Gewicht und meiner Figur. Wenn ich auf dem Sofa sitze, dann sagt er: „Mach dich nicht so breit, Fetti, andere wollen auch noch sitzen!", oder wenn ich mir einen Apfel aus der Küche hole: „Denk an Deine Figur und friss nicht so viel." Gestern hat er an die Badezimmertür geklopft, als ich drin war und dann hat er gesagt: „stell dich mal auf die Waage!"

Ich weiß, dass ich nicht übergewichtig bin. Ich wiege 57 kg bei 170 cm. Das ist doch normal, oder? Aber seit er angefangen hat, mein Gewicht zu kommentieren, bin ich total verunsichert. Meine Mutter bittet ihn zwar immer aufzuhören, aber er macht einfach weiter, wenn sie nicht da ist. Meine Mama ist auch schon total verunsichert und achtet extrem auf ihr Gewicht, damit er so etwas nicht zu ihr sagt.

Bevor er eingezogen ist, haben meine Mama und ich öfter gemeinsam etwas unternommen, z. B. sind wir oft Rad gefahren oder einfach nur mal zusammen Eis essen gegangen. Jetzt machen wir gar nichts mehr zusammen. Mein Stiefvater will nicht, dass wir unnötig Geld ausgeben. Er unternimmt aber auch nichts mit meiner Mutter. Er versucht, die gute Beziehung zwischen meiner Mama und mir zu zerstören. Innerhalb von fünf Monaten, seitdem er zu uns zog, hat er unser Leben total umgekrempelt. Ich mag schon gar nicht mehr nach Hause kommen. Wenn ich dann mal zu Hause bin, dann verkrieche ich mich in mein Zimmer, um seinen Launen aus dem Weg zu gehen.

Meine Mama sagt zwar, sie sei glücklich, so wie es ist, aber es kann nicht stimmen, oder? Bilde ich mir etwas ein? So sieht doch keine glückliche Familie aus, oder? Ich habe Angst, dass er meine Mama wie sein Eigentum behandelt oder gewalttätig wird. Ich habe Angst vor meinem Stiefvater und würde ihm gern aus dem Weg gehen. Ich kann aber noch nicht ausziehen. Muss noch zwei Jahre zur Schule gehen. Außerdem will ich meine Mama nicht mit ihm allein lassen."

Auch zwischen Stiefmüttern und Stiefkindern entwickelt sich eine Beziehungsdynamik:

Sarah, 38:

„Mein Lebensgefährte hat eine 10-jährige Tochter, die er alle 14 Tage zu Besuch hat. Leider habe ich große Probleme, mit dem Mädchen umzugehen. Mein Lebensgefährte ist seit acht Jahren von seiner Frau getrennt, mittlerweile auch geschieden. Wir leben seit sechs Jahren zusammen. Ich bekomme einfach keinen Kontakt zu seiner Tochter, die mir gegenüber immer sehr reserviert ist und mich nicht an sich heranlässt. Wenn mein Partner es nicht mitbekommt, zeigt sie mir ihre Missachtung."

Christina, 46:

„Ich habe zwei Stiefkinder, 14 und 17 Jahre, die mir echt noch den letzten Nerv rauben. Ich bin mit ihrem Vater schon sechs Jahre verheiratet und es gibt nur Probleme. Mann kann machen, was man will, sie sind trotzdem frech

und unverschämt. Ich weiß wirklich nicht mehr, was ich machen soll. Leider unterstützt mich mein Mann nicht, sondern hält immer zu seinen Kindern, die er angeblich „beschützen" muss. Das verletzt mich am meisten, weil ich das als gegen mich gerichtet empfinde und in Wirklichkeit ich das Opfer bin, das den Unverschämtheiten dieser Kinder schutzlos ausgeliefert ist."

Anne, 41:

„Ich bin mit besten Vorsätzen, dass alle sich in unserer Zweitfamilie wohlfühlen sollen, in das Abenteuer Patchwork-Familie gestartet. Ich habe mir große Mühe gegeben, Zugang zu meinen Stiefkindern zu bekommen, habe dabei aber die Erfahrung gemacht, dass, je mehr ich mich bemüht habe, ich umso mehr abgelehnt wurde. Mich schmerzt die Ablehnung meiner Stiefkinder. Zum Teil kann ich sie verstehen, denn anfangs lief bei uns vieles zu schnell, weil wir unerfahren waren und in unserer Verliebtheit die Gefühle der Kinder übersehen haben. Es fühlt sich schon schlecht an, als Dazugekommene abgelehnt zu werden. Bei allem Respekt vor den Besonderheiten der neuen Lebenssituation – irgendwann möchte man doch auch wieder in der Lage sein, sein Leben aufzubauen, nach vorn zu blicken und mit Freude und Zuversicht auf die Zukunft blicken zu können."

Das erste Beispiel zeigt die subtile Ablehnung der Stiefmutter durch das Stiefkind, trotz intensiver Bemühungen der Stiefmutter. Das zweite Beispiel zeigt unverschämte Stiefkinder, die vom Vater vor der Stiefmutter „beschützt" werden, was diese natürlich kränkt. Der leibliche Vater verkennt die Situation und verkehrt die Opferrollen, denn nicht seine Kinder sind Opfer, sondern seine Frau. Das dritte Beispiel zeigt deutlich, wie schwer es eine Stiefmutter haben kann, wenn sie auf massive Ablehnung stößt. (Siehe auch dazu das Problem des sog. „Teufelskreises" unter Abschnitt „Die Konkurrenz von leiblichem und Stiefelternteil")

Die Antipathie des Kindes gegenüber der Stiefmutter ist oft erst nach jahrelangen Anstrengungen zu überwinden.

Ramona bekam eine solche Ablehnung zu spüren, als sie vor sechs Jahren mit ihrem neuen Partner zusammenzog. Sie kannte Björn, seinen damals achtjährigen Sohn, schon von Geburt an, denn sie waren Nachbarn. Als Ramona dann mit seinem Vater Volker zusammenzog, machte Björn sie für die Trennung seiner Eltern verantwortlich. In seinen Augen hatte Ramona seinen Vater zum Verrat an der Familie angestiftet:

„Lange Zeit stichelte Björn gegen mich. Vier, fünf Jahre hat es schon gedauert, bis sich unser Verhältnis normalisierte. Auch wenn ich es vermied, die Mutterrolle einzunehmen, so habe ich es Björn doch offen gezeigt, was ich von ihm erwarte. Seine Schlampigkeit etwa, alle seine Sachen immer herumliegen zu lassen, mit der er ja auch seine Gleichgültigkeit mir gegenüber zeigte, ließ ich ihm nicht durchgehen. Und mit der Zeit erwarben wir uns Respekt füreinander."

Dieses Beispiel zeigt, dass es zwischen Stiefeltern und Stiefkindern nicht um Liebe geht, sondern dass „soziale Elternschaft" etwas anderes braucht: Vertrauen, Verlässlichkeit und Respekt.

Neben Antipathie oder Sympathie hat auch das Erziehungsverhalten des Stiefelternteils Einfluss auf die Beziehungsdynamik in der Patchwork-Familie.

1.2. Der Erziehungsanspruch des Stiefelternteils

Die Anpassungsleistungen, die von Stiefvätern verlangt werden, sind groß: Anders als in der traditionellen Kernfamilie – hier lernen sich zunächst Mann und Frau kennen, Kinder kommen später hinzu – muss sich der Stiefvater auf die Bedürfnisse und Anforderungen seiner neuen Partnerin und deren Kinder gleichzeitig einstellen. Kinder reagieren empfindlich auf die Einmischung eines Außenstehenden und empfinden sie oft als Kompetenzüberschreitung. *„Du hast mir nichts zu sagen, du bist gar nicht mein Vater!"* sind dann Kommentare, die sich Stiefväter anhören müssen.

Die juristische Lage ist eindeutig: Patchwork-Eltern haben weder Rechte noch Pflichten gegenüber ihren Stiefkindern. Insofern haben sie grundsätzlich auch kein Mitspracherecht, wenn es um die Erziehung des Kindes geht, das nicht ihr eigenes ist. Sie haben weder ein Sorgerecht, noch eine Sorgepflicht.

Seit 1998 sprechen Familienrichter im Rahmen der Ehescheidung das „gemeinsame Sorgerecht" aus. Sie wollen damit bewirken, dass die Eltern auch nach Trennung und Scheidung die Verantwortung für ihre Kinder gemeinsam wahrnehmen. Arztbesuche, Behördengänge, Vertretungen in der Schule (Elternabend / Elternsprechtage) etc., können für Patchwork-Kinder nur vom leiblichen Elternteil geregelt werden. Der neue Lebenspartner (Stiefmutter oder Stiefvater) ist gesetzlich nicht befugt, im Sinne des Sorgeberechtigten für das Kind zu handeln, es sei denn, er ist durch eine *Vollmacht* des sorgeberechtigten Elternteils legitimiert. Auch dann, wenn der Stiefelternteil an die Stelle eines Verstorbenen tritt, hat er heutzutage auf dem Gebiet der Erziehung faktisch nur unterstützende Funktionen, keine Rechte.

„Im gesetzlich geregelten Normalfall behalten die leiblichen Elternteile auch nach einer Scheidung die gemeinsame elterliche Sorge für die Kinder (§ 1626 BGB). Der Stiefelternteil, der mit den Kindern zusammenlebt, hat keine Erziehungsrechte. Dies ist nicht unproblematisch, da oft gerade Stiefmütter einen großen Teil der Alltagsbetreuung und Sorge übernehmen. Darüber hinaus ergibt sich im Alltag durchaus die Situation, dass der Stiefelternteil Entscheidungen allein für das Stiefkind treffen muss (beispielsweise bei Abwesenheit des leiblichen Elternteils). Hierzu kann der andere leibliche Elternteil dem Stiefelternteil eine Vollmacht ausstellen (§ 1687 b Abs. 1 BGB)"[16] (Siehe auch im Anhang: Das „kleine Sorgerecht").

Abgesehen von der rechtlich schwachen Position des Stiefelternteils bezüglich seines Erziehungsrechtes, bestehen in einer Patchwork-Familie oft unterschiedliche Auffassungen über die Erziehungsziele. Selbst in traditionellen Kernfamilien sind sich die leiblichen Eltern hierüber nicht immer einig. Um wie viel schwieriger ist es dann in Patchwork-Familien, in die der Stiefelternteil seine eigenen Erziehungsauffassungen einbringt und auf ein eingespieltes Erziehungsmuster trifft. Das kann zu Irritationen, Missinterpretationen und Diskussionen führen. Wer hat nun Recht, welche Regeln gelten? Das beginnt bei so einfachen Dingen, ob man z. B. „Guten Morgen" sagt, wenn man sich an den Frühstückstisch setzt oder schweigend seinen Platz einnimmt, ob man bei den Mahlzeiten zur Unterhaltung beiträgt oder ohne einen Ton das Essen hinunterschlingt, ob man Tischmanieren beachtet oder sie mehr oder weniger ignoriert, z. B. mit aufgestützten Ellenbogen das Essen „reinschaufelt".

So ist es für den Stiefvater Sebastian (im Beispiel auf Seite 74) wichtig, dass alle gemeinsam das Essen beenden, Linda, seine Frau, würde ihren Sohn Florian dagegen auch schon früher vom Tisch aufstehen lassen, wenn er fertig gegessen hat. Um keinen der beiden zu verärgern, versucht sie, sich aus der Auseinandersetzung herauszuhalten. Das aber führt dazu, dass jedes Essen mit einem Machtkampf endet, weil Florian sich Sebastians Regeln nicht anpassen will.

Auch die Beteiligung an der Hausarbeit kann ein Konfliktthema sein. Sebastian und seine geschiedene Frau haben ihre beiden Söhne immer an der Hausarbeit altersentsprechend beteiligt. Deshalb versteht Sebastian überhaupt nicht, wie seine jetzige Lebensgefährtin ihren Sohn, also seinen Stiefsohn, verwöhnt, bewirtet und umhegt und ihn nicht zur Mithilfe auffordert. Während Sebastian sich darüber aufregt, ist Linda verärgert und zieht sich mit Florian zurück. Stiefvater Sebastian bleibt in seiner Meinung unverstanden zurück.

Das Beispiel zeigt, dass es nicht empfehlenswert ist, sich als Stiefvater vorzunehmen, den Stiefkindern eingeschliffene Verhaltensweisen abzugewöhnen und dass Patchwork-Eltern an einem Strang ziehen und sich einig sein sollten.

Wenn ein Stiefvater der Versuchung nicht widerstehen kann, sich in die Erziehung der Kinder übermäßig einzumischen, kann es zu Koalitionsbildung von Mutter und deren Kindern gegen ihn kommen:

Richard, 52:
„Wir haben ein typisches Patchwork-Familien-Problem. Wenn es um meine Stiefkinder geht, macht meine Frau alles alleine mit ihnen aus und lässt mich außen vor. Seit Monaten soll sich ihre älteste Tochter entscheiden, ob sie auszieht. Obwohl von mir erwartet wird, dass ich die Finanzierung einer neuen Bleibe mittrage, werde ich in diese Gespräche nicht mit einbezogen. Ich will aber nicht nur zum

Zahlmeister degradiert werden, sondern an allen Überlegungen und Entscheidungen mit beteiligt sein."

Richards Ehefrau meint dazu:

„Seit der Scheidung hat sich der leibliche Vater meiner Kinder von uns distanziert. Mein jetziger Mann und ich sind in vielen Dingen einer Meinung, aber oft hat er einen autoritären Ton – besonders, wenn es um meine Töchter geht. Wenn er sie hart angreift, fühle ich mich persönlich angegriffen. Im Fall meiner Tochter bin ich auch der Meinung, dass sie sich endlich entscheiden muss, ob sie bei uns bleibt oder auszieht. Ich mag es nur nicht, von meinem Mann ständig zurechtgewiesen zu werden, ich sei zu nachgiebig und würde es meiner Tochter zu leicht machen. Es gefällt mir auch nicht, dass er behauptet, das alles geschähe auf seine Kosten. Immerhin arbeite ich Vollzeit und weder ich, noch meine Töchter liegen ihm auf der Tasche."

Der Grund für den Konflikt besteht einerseits in dem Gefühl Richards, bei Fragen der Töchter seiner Frau ausgegrenzt zu werden. Andererseits will Richard in seiner zweiten Ehe alles besser machen. Er will nicht nur ein besserer Partner, sondern auch ein guter Zweitvater sein. Diese Erwartungen schaffen Leistungsdruck und damit Angst zu versagen.

Richards Engagement im Hinblick auf die Töchter seiner Frau sind unerwünscht: Während der Ex-Mann und leibliche Vater der Kinder sich nicht beteiligen *will*, *darf* sich Richard nicht beteiligen. Seine Frau fragt sich: Ist mein Mann zu streng mit meinen Kindern? Sollte ich sie besser vor ihm schützen? Das spürt Richard und fühlt sich ausgeschlossen. Er versucht umso mehr, sich einzumischen, um deutlich zu machen, dass er dazugehört. Das verunsichert seine Frau erst recht. Es entsteht ein Teufelskreis, indem jeder versucht, seine eigene Angst zu überwinden, doch durch seine Reaktionen die Angst des Partners erhöht.

Eigentlich geht es gar nicht darum, wie Richards Frau mit ihren Töchtern verfährt, vielmehr drängt sich der Eindruck auf, dass es in Wirklichkeit um seinen Einfluss in der Familie geht.

Es gibt hier aber noch einen weiteren Aspekt: Richard möchte seiner Frau etwas geben, sie unterstützen, was diese aber nicht annehmen will oder kann. Wenn Geschenke nicht angenommen werden, wird man ärgerlich. Richards beleidigter Ton führt dazu, dass seine Frau nicht seine Verletzung, sondern nur den Ärger heraushört. Der Teufelskreis aus Angriff und Verteidigung dreht sich immer schneller.

Richards Bemerkung, er solle nur den Zahlmeister spielen, ist Ausdruck seines Ärgers. Wenn er sich als *Miterzieher* akzeptiert fühlen würde, spräche er das Geld gar nicht an. Darin liegt der Widerspruch seiner Argumentation: Einerseits fühlt er sich ausgeschlossen, andererseits argumentiert er mit Geld, was ihn von der Familie distanziert. Die logische Konsequenz seiner Botschaft: Würde man ihn in alle Entscheidungen der Stiefkinder mit einbeziehen, würde er sich auch lieber finanziell beteiligen. Andersherum: Er bezahlt nur, wenn er mitreden darf.

Richard benutzt die Argumentation etwas ungeschickt. Wahrscheinlich würde er am liebsten darauf verzichten, über Geld zu reden. Aber, wenn seine Frau ihn schon aus Erziehungsfragen ihrer Töchter ausschließt, möchte er wenigstens darauf hinweisen, dass alle auch von seinem Geld profitieren.

Untersucht man diese Familienstruktur näher, dann erkennt man innerhalb der Patchwork-Familie eine Art „interne Familie": die Rest-Kernfamilie, bestehend aus leiblicher Mutter und ihren Kindern. Zumindest erlebt es Richard so, während seine Frau das anders sieht. Sie ist verunsichert und braucht die Rückversicherung, dass Richard nichts tun würde, was ihren Kindern schadet.

Wie lässt sich dieser Konflikt auflösen? Auch hier gilt: Weniger ist mehr! Zu viel einmischen schadet der Beziehung. Besser wäre es, sich als „freundschaftlicher Berater" in Reserve zur Verfügung zu halten. Männer, die das können, haben gute Chancen, irgendwann von der Mutter einbezogen und von den Kindern respektiert zu werden. Diese Zurückhaltung gelingt aber nur den Wenigsten. In der Realität versuchen viele Stiefväter, in der Patchwork-Familie neue Regeln einzuführen, sie kritisieren ihre Stiefkinder ständig und wollen ihnen ihre Vorstellung von richtiger Erziehung aufzwingen, während Stiefmütter beweisen wollen, dass sie besser sind als die leiblichen Mütter.

Richard sollte sich bewusst aus Belangen seiner Stiefkinder heraushalten und sich auf keinen Fall in die Erziehung einmischen. Umgekehrt sollte seine Frau keinen Zweifel daran entstehen lassen, dass sie zu ihrem Mann steht. Sie kann mit ihm alles besprechen und sich auch beraten lassen, muss aber frei in ihrer Entscheidung bleiben dürfen. Wenn Kinder merken, dass sich leiblicher und Stiefelternteil nicht einig sind, treiben sie einen Keil zwischen das Paar.

Nur durch eine klare Linie in der Erziehung, die konsequent verfolgt wird, sowie durch Gespräche und klare Regelungen können Patchwork-Familien zu guten Lösungen finden. Eltern sollten sich auch bewusst machen: Kinder sind immer beiden Eltern treu, denn es gibt nur einen einzigen Vater und eine einzige Mutter. Beide sind nicht ersetzbar. Versuchen Eltern, diese Regel auszuhebeln, wird das Kind mit aller Kraft versuchen, das alte System wieder herzustellen. Durch diesen Protest entstehen unweigerlich Konflikte: Der neue Partner fühlt sich abgelehnt, ausgestoßen, ihm wird vorgeworfen, kein Verständnis für das Kind aufzubringen. Natürlich leidet dann auch die Partnerschaft unter diesen Reibereien.

Da die Erziehung der Kinder immer noch vorwiegend Sache der Mütter ist, trifft die dargestellte Erziehungsproblematik *Stiefmütter* in besonderer Weise.

Das folgende Beispiel verdeutlicht den Konflikt aus der Sicht des Stiefkindes:

Simone, 16:

„Ich habe ein Riesenproblem! Ich komme mit meiner Stiefmutter nicht klar!

Meine Eltern haben sich damals, als ich fünf war, getrennt und meine Mutter zog aus unserem Dorf! Ich aber blieb bei meinem Vater, weil ich in unserem Dorf alle Freunde hatte und meine Familie (Anm: Großeltern, Tanten)*. Dann nach vier Jahren, als ich also neun Jahre alt war, lernte mein Vater eine neue Frau kennen! Nach zwei Jahren zog sie zu uns und nach zwei weiteren Jahren haben sie dann geheiratet, leider.*

Meine Stiefmutter brachte noch zwei Jungs (15 und 13) und eine Tochter (11) mit in die neue Familie. Am Anfang war ich neutral eingestellt, inzwischen aber hasse ich sie. Ich bin jetzt 16 Jahre alt und habe gemerkt, wie dumm sie ist! Sie schreibt mir tausende Regeln vor, wie ich z. B. mein Zimmer sauber machen sollte, dass ich nicht so viel vorm PC sitzen soll, sonst käme er weg. Mein Vater steht mehr hinter ihr als hinter mir. Mit dieser Frau bekomme ich immer Ärger, egal was ich mache."

Eine besondere Beziehungsdynamik in der Patchwork-Familie ergibt sich aus dem Konkurrenzverhalten von leiblichem und Stiefelternteil um die Kinder.

1.3. Die Konkurrenz von leiblichem und Stiefelternteil

Leibliche Väter können mit Stiefvätern in Konkurrenz um die Kinder stehen, ebenso leibliche Mütter mit Stiefmüttern.

Stiefväter geraten dadurch in Konkurrenz zu den leiblichen Vätern, dass sie sich das Ziel setzen, die „besseren Väter" zu sein. In vielen Fällen haben leibliche Väter dann das Gefühl, keine Chance gegen den Stiefvater zu haben, wie das folgende Beispiel zeigt:

Ansgar, 42: (leiblicher Vater)

„Meine sechsjährige Tochter lebt seit unserer Scheidung bei ihrer Mutter und ihrem neuen Ehemann, der sich liebevoll um meine Tochter kümmert und bei ihr die Vaterrolle übernommen hat. Das Kind spricht inzwischen von ‚meiner Familie' und nennt den Mann der Mutter ‚Papa', während sie mich in letzter Zeit immer häufiger nur mit meinem Vornamen anspricht. Am liebsten wäre es meiner Ex-Frau wohl, wenn ich mich ganz aus dem Leben des Kindes zurückziehen würde, da ich sowieso nur der ‚Erzeuger' sei.

Bisher sehe ich meine Tochter alle 14 Tage, samstags von 9.30 bis 18.00 Uhr. Ich bin nicht bereit, auf diese Begegnungen zu verzichten. Ich bemühe mich so weit wie möglich, auf das Kind einzugehen und eine schöne und abwechslungsreiche Zeit mit ihm zu verbringen.

Da ich aber am Alltagsleben meiner Tochter nicht mehr teilnehmen kann, fühle ich eine zunehmende Entfremdung.

Meines Erachtens ist die Existenz des ‚neuen Vaters' das Haupthindernis. Er hat einen großen Einfluss auf meine Tochter. Von der Gegenseite wird es sogar als im Sinne des Kindeswohls angesehen, dass ich mich als der leibliche Vater zurückhalte. Vernünftige Gespräche zwischen den betei-

ligten Erwachsenen werden von der Gegenseite abgelehnt, insbesondere war auch eine Kontaktaufnahme mit dem Stiefvater nicht möglich. Das Aufsuchen einer Erziehungsberatungsstelle zu dritt lehnt meine Ex-Frau als unnötig ab. Ich habe Grund zu der Befürchtung, dass mir meine Tochter langfristig verloren gehen wird und ich ihr."

Ansgar unterstellt, dass allein die Existenz des „neuen Vaters" zur Entfremdung von seiner Tochter führe. In Wirklichkeit aber ist es die Einstellung seiner Ex-Frau, die Ansgar als Eindringling in die neue Familie empfindet. Sie hat sich vom Vater ihres Kindes getrennt und wünscht keinerlei Berührungspunkte mit ihm, auch nicht über die gemeinsame Tochter. Ihrer Meinung nach hat die Tochter nun einen neuen Vater und Ansgar möge sich möglichst aus ihrem Leben zurückziehen.

Woran denken Sie beim Wort „Stiefmutter"? Kommen Ihnen dazu nicht auch Märchen in den Sinn, in denen Kinder nach dem Tod ihrer Mutter und der Wiederverheiratung des Vaters von einer Stiefmutter betreut wurden? In den uns bekannten Märchen wird kein besonders gutes Bild von Stiefmüttern vermittelt. Die Märchen zeichnen das düstere Bild einer Stiefmutter, die ihren Stiefkindern nicht gut gesonnen war, sondern ihnen nach dem Leben trachtete.

Märchen mögen pädagogisch sinnvoll sein, allerdings sind solche Geschichten auch mit Vorsicht zu genießen, denn viele Märchen vermitteln das Bild der hässlichen, grausamen Stiefmutter. Hänsel und Gretel hatten eine böse Stiefmutter, die die Kinder in den Wald schickte, weil sie sie loswerden wollte. Auch Aschenputtel litt unter einer bösen Stiefmutter.

In vielen Märchen der Gebrüder Grimm spielen Familienkonflikte eine große Rolle. Viele Soziologen und Psychologen haben sich mit der Deutung der Märchen beschäftigt.[17]

> *Brüderchen nahm sein Schwesterchen bei der Hand und sprach: „Seit die Mutter tot ist, haben wir keine gute Stunde mehr, die Stiefmutter schlägt uns alle Tage und wenn wir zu ihr kommen, stößt sie uns mit Füßen fort. Die harten Brotkrusten, die übrig bleiben, sind unsere Speise, und dem Hündlein unter dem Tisch geht es besser: dem wirft sie doch manchmal einen guten Bissen zu. Dass Gott erbarm, wenn das unsere Mutter wüsste! Komm, wir wollen miteinander in die weite Welt gehen."[18]*

Was sich Stiefmütter in Wirklichkeit abverlangen, nämlich besonders gute, engagierte Mütter zu sein, steht im krassen Widerspruch zu dem in den Märchen transportierten Klischee. Im Ringen um die Gunst der Stiefkinder und den häuslichen Frieden versuchen Stiefmütter, in Konkurrenz mit der leiblichen Mutter zu treten und diese zu übertrumpfen.

Doch mit diesem Eifer geraten sie fatalerweise in einen *Teufelskreis* von eigenem Engagement und Ablehnung durch das Stiefkind. Sie berücksichtigen nicht, dass ihre Stiefkinder oft noch um den Verlust ihrer Ursprungsfamilie trauern. Stiefmütter erliegen häufig dem Irrtum, sie seien in der Lage, den erlittenen Verlust ihrer Stiefkinder so schnell wie möglich wieder auszugleichen, das Vergessen zu erleichtern, die heile Welt wieder herzustellen. Das Kind aber lässt die Stiefmutter spüren, dass es seine „wirkliche" Mutter mehr liebt. Daraufhin bemüht sich die Stiefmutter noch mehr um das Kind. Und dieses reagiert mit Ablehnung. Das enttäuscht die Stiefmutter und vermittelt ihr das Gefühl, keine gute Mutter zu sein, was dazu führt, dass sie sich noch intensiver um das Kind bemüht.

Leon, 16:

„Als meine Eltern sich scheiden ließen, war ich 12. Ich ent-
schied mich, bei meinem Vater zu bleiben, weil in der Um-
gebung auch alle meine Freunde wohnten. Es dauerte nicht
lange, da heiratete mein Vater erneut: eine Frau mit zwei
Söhnen. Und ich fand mich ungefragt in einer Patchwork-
Familie wieder. Meine Stiefmutter war eigentlich ganz nett
und versuchte, mich mit besonders viel Aufmerksamkeit,
Liebe oder Freundschaft zu überschütten. Ich fühlte mich
dabei aber gar nicht wohl und empfand ihre Aktionen als
Konkurrenzverhalten zu meiner ‚richtigen' Mutter, die zwar
woanders lebte, der ich aber allein das Recht zugestand,
mich mütterlich zu umsorgen. Das Überengagement
meiner Stiefmutter empfand ich als übergriffig. Ich konnte
mir das nicht gefallen lassen und reagierte darauf mit
heftigen Abwehrreaktionen."

Kaum ein Stiefelternteil schafft es, der „Konkurrenzfalle" zu ent-
gehen, zumal viele gar nicht in die Elternrolle hineinwachsen
können, sondern sich relativ unvermittelt mit ihr konfrontiert sehen. Stiefeltern sollten sich aber trauen, ihre eigene Persönlichkeit den Kindern transparent zu machen. Sie sollten es offen aus-
sprechen, wenn sie unter der Konkurrenzsituation leiden.
Wie man die Konkurrenzfalle umgehen kann, schildert Diana, 36.
Sie sieht sich selbst als „Stiefmutter auf Distanz":

„Mir erscheint wichtig, dass Betroffene sich klarmachen,
dass Stiefmütter eben Stiefmütter sind und nicht versuchen
sollten, die Position der Mutter zu besetzen. Eine Stiefmut-
ter wird nie den Wert einer leiblichen Mutter haben und sie
sollte das auch nicht anstreben. Ich halte es mit meinen
Stiefkindern so: Sie sind nie mit mir alleine zu Hause. Wenn
sie da sind, kocht mein Lebensgefährte, er holt sie und

bringt sie, er beschäftigt sich mit ihnen. Durch meine absolute Zurückhaltung mache ich klar, dass es seine Kinder sind und deshalb zu ihm gehören. Sie sind Teil seines Lebens. Ich habe mich bewusst für meinen Lebensgefährten entschieden, obwohl ich wusste, dass er Kinder hat. Niemand hat gesagt oder versprochen, dass es leicht ist oder werden wird! Allerdings ist eine ‚normale Familie‘ auch nicht immer leicht. Ich habe meine Rolle akzeptiert, die ‚Zweite‘ zu sein. Die Ex-Frau meines Partners ist die ‚Erste‘. Das wird immer so sein, wie die unabänderliche Geschwisterkonstellation in Familien. Die ‚Zweite‘ zu sein, bezeichnet eine chronologische Reihenfolge und hat nichts mit besser oder schlechter zu tun. Wer zu einem Perspektivwechsel fähig ist, weiß, dass es die Stiefkinder auch nicht leicht haben. Mir erscheint es wichtig, das Gute zu betonen.“

1.4. Die Manipulation des neuen Elternpaares durch die Kinder

In der Beziehungsdynamik einer Familie hat es immer Auswirkungen, wenn ein Familienangehöriger aus der Familie ausscheidet oder neu hinzukommt. Das Gefüge wird zunächst instabil. Von Instabilität ist besonders die Gründungsphase einer Patchwork-Familie geprägt. In dieser Zeit versuchen sich Kinder gegen gravierende Veränderungen zu wehren. Sehr häufig bedienen sie sich subtiler Mittel, um einen Keil zwischen leiblichen und Stiefelternteil zu treiben, d. h., sie versuchen, das neue Elternpaar zu manipulieren.

Vanessa, 39:

„Meine Kinderlosigkeit wird mir häufig als Manko vorgeworfen. ‚Das verstehst du nicht, du hast ja keine Kinder!‘ Solche und ähnliche Sätze, die mich natürlich schmerzen,

111

muss ich mir anhören. Ständig wird von mir Rücksichtnah-
me erwartet und dauernd funken die Töchter meines Part-
ners dazwischen, wenn wir Pläne zu zweit gemacht haben.
Immer war ich diejenige, die Verständnis haben musste.
Mir platzte endgültig der Kragen, als die Große unseren ro-
mantischen Abend verdarb, weil sie sich in der Disco be-
trunken hatte und abgeholt werden wollte. Das war für
mich der Gipfel, an dem ich erkannte, welche Belastung
von seinen Kindern ausgeht und – dass ich nicht gewillt bin,
das so künftig mitzumachen. Es folgte eine richtige Bezie-
hungskrise, in der geklärt wurde, welche Bedeutung ich
und welche seine Kinder haben. Ich habe deutlich gemacht,
dass die Bedürfnisse seiner Kinder wichtig sind, dass aber
gesunde Grenzen eingezogen werden müssen, damit seine
Töchter lernen, dass Eltern auch Bedürfnisse haben, die re-
spektiert werden müssen.“

Im vorausgegangenen Beispiel bestand die Manipulation darin,
dass die Töchter des neuen Partners von Vanessa ständig Pläne
des Paares boykottierten, was zu einer Beziehungskrise führte.

Ein weiteres Beispiel für die Manipulation der Eltern durch die
Kinder schildert Sonja.

Sonja, 37:
Auch Sonja hatte anfangs ein offenes, freundschaftliches
Verhältnis zu Torsten, dem neunjährigen Sohn ihres neuen
Lebensgefährten. Nach und nach begann der Sohn aber,
die Paarbeziehung zu stören und zu kontrollieren. Er kannte
das schlechte Gewissen seines Vaters ganz genau, sich so
rasch nach dem Tod seiner Mutter wieder auf die Suche
nach einer neuen Frau begeben zu haben. Torsten spielte
überzeugend das arme, traurige Kind, das seine Mutter

verloren hatte. Dadurch verstärkte er das schlechte Gewissen seines Vaters, was dazu führte, dass dieser es schließlich nicht mehr wagte, etwas ohne die Zustimmung seines Sohnes zu tun. Wenn Torsten ‚beleidigt' spielte, geriet sein Vater schon aus dem Gleichgewicht. Ohne es selbst zu merken, wurde der Vater von Torsten gesteuert, so dass er nicht mehr das tat, was er wollte, sondern alles im Hinblick auf seinen Sohn hinterfragte: ‚Was wird Torsten dazu sagen? Wie wird Torsten damit zurechtkommen? Werde ich seine Liebe verlieren, wenn ich ihm etwas abschlage?' Es war eine verhängnisvolle Abhängigkeit entstanden. Der Sohn hatte über das schlechte Gewissen, das er jederzeit bei seinem Vater aktivieren konnte, Macht über seinen Vater und spielte in der neuen Beziehung seines Vaters mit Sonja eine Rolle, die ihm nicht zustand. Sonja bekam dadurch das Gefühl, sie stünde mit Torsten in Konkurrenz um die Gunst seines Vaters und sei darüber hinaus Torsten ausgeliefert.

Es sollte zwar nicht so sein, doch es ist häufig zu beobachten, dass Kinder großen Einfluss auf die Gestaltung der neuen Elternpaar-Beziehung haben. Das liegt oft an Schuldgefühlen der Eltern gegenüber ihren Kindern. Die Schuldgefühle der Eltern ermöglichen und verstärken die Manipulationen, sie wirken gleichsam als Hebel.

Torsten will eigentlich gar nicht mit Sonja konkurrieren, wahrscheinlicher ist, dass er sich ausgegrenzt fühlt, wenn er seinen Vater mit Sonja „turteln" sieht. Die intime Zweisamkeit eines Elternteils mit einem fremden Menschen ist für Kinder etwas Bedrohliches, das ihnen das Gefühl des Alleinseins, des Ausgeschlossenseins gibt.

Wie groß die Macht der Kinder über das neue Paar sein kann, zeigt auch das folgende Beispiel:

Olaf, 49, hat sich nach drei Ehejahren von seiner Frau getrennt, weil er mit deren beiden heranwachsenden Kindern (13 und 16) nicht zurechtgekommen ist. Das Leben in dieser Konstellation sei für ihn unerträglich gewesen. Sobald er das Wohnzimmer betreten habe, hätten ihre Kinder den Raum demonstrativ verlassen. Sie nannten ihren Stiefvater verächtlich „Spießer" und machten ihrer Mutter Vorwürfe, mit einem solchen „Typ" zusammenzuleben.

Olaf:

„Wir haben schließlich ein von den Kindern abgetrenntes Liebesleben geführt, vor ihnen keine Zärtlichkeiten mehr ausgetauscht, uns heimlich geküsst. Ich kam mir vor, als hätte ich eine Affäre mit einer Frau, die im Grunde liiert ist – nur eben mit ihren Kindern."

2. Stiefgeschwister und leibliche Geschwister

Stiefgeschwister sind Kinder, die aufgrund der neuen Partnerschaft eines ihrer Elternteile zu einer neuen Familie gehören, aber miteinander nicht blutsverwandt sind. Heiratet zum Beispiel ein Mann mit Sohn eine Frau mit Tochter, so sind Sohn und Tochter dadurch Stiefgeschwister.

Wenn Kinder unterschiedlicher Eltern in einer Patchwork-Familie zusammenkommen, gibt es zwangsläufig *Rangverschiebungen*. Der einzige Sohn bekommt nun vielleicht ältere Stiefbrüder oder die jüngste Tochter verliert ihren Status als Nesthäkchen. Aber auch räumlich verändert sich häufig viel. Oft wird es mit der Gründung einer Patchwork-Familie auch enger im Haus: Kinder, die vorher eigene Zimmer hatten, müssen nun vielleicht ein Zimmer teilen. *Rivalitäten* unter den Kindern einer Patchwork-Familie sind deshalb nicht selten.

Ein Stiefkind kann auch zu einer Belastung der Beziehungen leiblicher Geschwister werden, wie folgendes Beispiel zeigt:

Birgit (38) hat zwei Söhne: Christoph und Michael. Volker (42) hat einen Sohn Lukas, der mit Christoph gleichaltrig ist. Birgit und Volker lernen sich bei einem Handballtraining von Christoph und Lukas kennen und gründen bald danach eine Patchwork-Familie. Christoph und Lukas verstehen sich sehr gut. Sie waren ja schon vorher befreundet. Ganz anders geht es Michael, dem jüngeren Bruder von Christoph, der nun immer mehr in die Außenseiterposition gedrängt wird: Sein Bruder beschäftigt sich nun kaum mehr mit ihm, weil er mit seinem Freund aus dem Handballverein nun ständig zusammen ist.

Rivalitäten, Streit und Eifersucht unter Geschwistern gibt es bekanntlich auch in Kernfamilien. Aber im Unterschied zu den Beziehungen von Stiefgeschwistern untereinander empfinden leibliche Geschwister eine gemeinsame Identität, ein „Wir-Gefühl", eine gewachsene Zugehörigkeit.

Streitereien zwischen leiblichen und Stief-Geschwistern haben eine andere Dimension, weil Stief-Geschwister als eigentlich nicht zur Familie gehörig empfunden werden, sondern als Eindringlinge. Mit ihnen hat man keine gemeinsame Geschichte, es gibt keine Erinnerung an gemeinsam Erlebtes und damit fehlt ein wichtiges verbindendes Element.

Der häufigste Grund für schwierige Beziehungen von leiblichen und Stiefgeschwistern ist *Eifersucht*. Leibliche Kinder unterstellen, dass alle Liebe und Aufmerksamkeit nur ihnen zuzukommen hätte. Verteilen leibliche Eltern ihre Zuwendung auch auf ihre Stiefkinder, empfinden die leiblichen Kinder das als Verlust. Das wird von ihnen häufig nicht widerspruchslos hingenommen. Viele leibliche Kinder reagieren mit Eifersucht auf ihre Stiefgeschwister, weil sie Angst haben, die Exklusivität der Gefühle ihrer leiblichen Eltern zu verlieren. Das gilt insbesondere für Einzelkinder, die immer die ungeteilte Aufmerksamkeit ihrer Eltern genossen und nie Raum, finanzielle Mittel und Zeit mit Geschwistern teilen mussten.

Häufig fühlen sich Einzelkinder Stiefgeschwistern auch deshalb unterlegen, weil diese über soziale Kompetenzen verfügen, die ihnen fremd sind. Ein Einzelkind muss sich eben nicht mit einem Geschwister auseinandersetzen, um etwas streiten oder sich nachher wieder versöhnen. In diesen Fähigkeiten sind Stiefgeschwister einem Einzelkind in jedem Fall überlegen, was die Aversion gegen sie verstärken kann.

Eltern können aber auch Eifersuchtsgefühle durch – in der Regel unbewusste – Bevorzugung oder Zurücksetzung der Geschwister verstärken.

Dieter, 58:

„Mein Sohn aus erster Ehe ist 21 und lebt seit seinem 15. Lebensjahr bei mir, da seine Mutter damals in ihr Heimatland zurückgegangen ist. Bisher gab es nie irgendwelche Probleme. Nun habe ich zum ersten Mal seit Jahren eine Beziehung mit einer Frau, die ich sehr liebe und wir sind inzwischen auch zusammengezogen. Sie hat zwei Kinder im Alter von 10 und 16 Jahren mitgebracht.

Mein Sohn führt ein völlig selbstständiges Leben, hat selbst eine Freundin und er mag meine ‚neue‘ Familie auch, aber seit ich auch mit ihnen unter einem Dach wohne und logischerweise mehr und mehr für die Kinder meiner neuen Lebensgefährtin auch eine Art Vaterfigur geworden bin, ver-

hält sich mein großer Sohn richtig kindisch und seinem Alter völlig unangemessen, so dass ich die Vermutung habe, dass er eifersüchtig ist.

Natürlich habe ich jetzt mit den zwei Kindern und dem Haus mehr zu tun als früher und nicht mehr ganz so oft Zeit für ihn. So musste ich schon ein paar Mal Verabredungen absagen bzw. verschieben, woraufhin er dann beleidigt war. Seit meiner letzten Terminverschiebung meldet er sich gar nicht mehr. Ich verstehe nicht, dass er in seinem Alter noch so reagiert, und weiß nicht, wie ich mich jetzt verhalten soll."

Dieses Beispiel zeigt, dass selbst erwachsene Kinder eifersüchtig auf ihre Stiefgeschwister reagieren können. Der Sohn fühlt sich wegen der Terminverschiebung seines Vaters *zurückgesetzt* und damit verletzt. Die Eifersucht des Sohnes ist verständlich, denn bis zu einem Alter von 15 Jahren war der Vater nur für ihn da. Jetzt verteilt der Vater seine Zuwendung und Aufmerksamkeit auch auf seine Stiefkinder.

Wie ist dieser Konflikt aufzulösen? Der Vater sollte bei seinem Sohn um Verständnis dafür werben, dass er nach wie vor grundsätzlich für ihn da ist, dass aber jetzt auch noch andere für ihn wichtig sind, für die er sich verantwortlich fühlt. Vielleicht ist eine gegenseitige Annäherung dadurch möglich, dass Vater und Sohn etwas miteinander unternehmen, bei dem die neue Familie außen vor bleibt. Der Sohn muss spüren, wie wichtig er seinem Vater ist und dass er immer an der ersten Stelle als Sohn stehen wird.

Wenn Patchwork-Eltern verhindern wollen, dass sich unter den leiblichen und den Stiefgeschwistern Eifersuchtsgefühle einschleichen, müssen sie hierfür eine besonders empfindliche Antenne entwickeln.

Z. B. bittet eine Mutter ihre leibliche Tochter:

„Sei bitte so lieb und bring den Müll nach draußen!",

worauf die Tochter entgegnet:

„Warum sagst du das nicht Isabel (der Stieftochter). *Immer muss ich alles machen."*

Darauf die Mutter:

„Mach bitte kein Theater, es nervt, ich hab keine Kraft, mich jetzt mit Isabel auseinanderzusetzen."

Tochter:

„Trotzdem, es ist ungerecht! Immer muss ich herhalten und die spielt sich als feine Dame auf."

Die Tochter fühlt sich von der eigenen Mutter benachteiligt und reagiert eifersüchtig auf ihre Stiefschwester Isabel, die nicht zu Aufgaben in der Familie herangezogen wird. Dieses Beispiel zeigt aber auch, dass sich die nicht bewältigten Erziehungsprobleme, die die Mutter mit der Stieftochter hat, negativ auf das Verhältnis beider Töchter auswirken. Eine Voraussetzung für die Förderung von Geschwisterbeziehungen besteht darin, leibliche und Stiefkinder *gleich zu behandeln.* Nur so können Eifersucht und Rivalität eingedämmt werden. Im vorliegenden Fall ist das aber leider nicht möglich, weil die Stiefmutter gegenüber ihrer Stieftochter keine Erziehungskompetenz hat. Der leibliche Vater müsste hier eingebunden werden, um seine Tochter zur Mithilfe im Haushalt anzuhalten und notfalls spürbare Konsequenzen folgen lassen.

Neben den erwähnten Schwierigkeiten in den Geschwisterbeziehungen sollten aber auch die Chancen der Kinder gesehen werden, wenn sie mit Stiefgeschwistern aufwachsen: Die neuen Geschwister können füreinander nicht nur Spielgefährten und Freizeitkameraden sein, sie können auch zu Vertrauenspersonen werden, mit denen man die eigenen Schwierigkeiten bespricht. Sind mehrere Kinder in einer Familie vorhanden, gelingt es ihnen zudem leichter, gemeinsam ihre Interessen und Wünsche gegenüber den Erwachsenen durchzusetzen.

3. Der abwesende leibliche Elternteil und die Patchwork-Familie

Die wesentlichen Aufgabenbereiche der Elternschaft, nämlich:
- das Kind zu umsorgen und großzuziehen
- das Kind rechtlich zu vertreten
- das Kind finanziell zu unterhalten

werden von Eltern einer *Kernfamilie,* in der leibliche Mutter und leiblicher Vater zusammenleben, gemeinsam und idealerweise einvernehmlich wahrgenommen.

Bei einer *Patchwork-Familie* sind diese Aufgabenbereiche in unterschiedlicher Weise dem leiblichen Elternteil, dem Stiefelternteil und dem abwesenden leiblichen Elternteil zugeordnet. Als „abwesender Elternteil" ist – wie schon erwähnt – der Elternteil zu verstehen, in dessen Haushalt sich die Kinder zu einem Zeitpunkt *nicht* befinden.

Beispiel:

Halten sich die Kinder im Haushalt ihrer leiblichen Mutter auf, dann ist der getrennt lebende Vater der abwesende Elternteil. Besuchen die Kinder ihren Vater, dann ist während dieser Zeit die Mutter der abwesende Elternteil.

Welche Aufgaben der abwesende Elternteil übernimmt und in welcher Form er sie ausübt, hängt wesentlich davon ab, welche Beziehung die leiblichen Eltern nach der Trennung miteinander pflegen.

Zu unterscheiden sind drei Modelle:

1. Leiblicher Vater und leibliche Mutter gehen kooperativ miteinander um.
2. Die leiblichen Eltern sind verfeindet.
3. Die leiblichen Eltern gehen neutral miteinander um.

1. Leiblicher Vater und leibliche Mutter gehen kooperativ miteinander um

Optimal ist es, wenn die leiblichen Eltern auch nach Trennung und Scheidung wertschätzend miteinander umgehen, gemeinsam die Verantwortung für ihre Kinder tragen und das Sorgerecht kooperativ ausüben. So können die Kinder dann z. B. zeitweise bei dem einen oder dem anderen (leiblichen) Elternteil leben und haben insofern „zwei Zuhause".[19] Beispielsweise leben die Kinder im wöchentlichen Wechsel bei ihrem Vater oder bei ihrer Mutter.

Leibliche Eltern, die gut miteinander kooperieren, vereinbaren problemlos ein Arrangement für die Betreuung und Versorgung ihrer Kinder und springen auch dann füreinander ein, wenn ein Elternteil verhindert sein sollte. Eltern, die nach der Trennung Freunde bleiben, lassen keine Konkurrenz und keinen Zweifel zu, wie wichtig die Beteiligung des nicht anwesenden oder nicht sorgeberechtigten Elternteils für das Wohl der Kinder ist. Sie sorgen dafür, dass die Regelungen für das Sorge- und Besuchsrecht die Kontinuität der Beziehungen der Kinder zu beiden Elternteilen sicherstellen. Man versteht sich gut und es besteht damit sogar die Voraussetzung, gemeinsame Feste wie Geburtstage, Einschulung, Weihnachten usw. zusammen zu feiern.

Die leiblichen Eltern vermeiden auch eine Koalition der sorgeberechtigten Mutter mit den Kindern gegen den abwesenden Vater,

weil sie wissen, dass das langfristig gravierende negative Auswirkungen auf die Persönlichkeitsentwicklung ihrer Kinder hat und
ihnen schadet. Die Mütter sind sich bewusst, dass der getrennt
lebende Vater eine große Rolle spielt und eine starke Wirkung
auf die Seele des Kindes hat. Deshalb grenzen sie ihn aus dem
neuen Familiensystem nicht aus, sondern integrieren ihn als
Bereicherung für das Kind.

2. Leibliche Eltern sind verfeindet

Wenn Eltern miteinander verfeindet sind, kann keine Atmosphäre des Wohlwollens entstehen. Das hat zur Folge, dass fast alles
strittig verhandelt wird und dass damit *nicht* die Voraussetzungen gegeben sind, das „gemeinsame Sorgerecht" wahrzunehmen, wie vom Gesetzgeber seit 1998 vorgesehen. Das Familiengericht muss dann bestimmen, welchem Elternteil das alleinige
Sorgerecht zugesprochen wird. Dabei ermitteln Psychologen, zu
welchem Elternteil sich ein Kind stärker hingezogen fühlt. Kinder
ab 12 Jahren dürfen selbst entscheiden, bei welchem Elternteil
sie leben möchten. Dieser bekommt dann auch das „alleinige
Sorgerecht" zugesprochen, während der andere Elternteil
unterhaltspflichtig ist und ein Besuchsrecht erhält.
Diese Umstände machen es unmöglich, unbefangen miteinander
umzugehen, und oft kommt es dann vor, dass die Kinder
zwischen die Fronten geraten und einem *Loyalitätskonflikt*
ausgesetzt werden. Die Verfeindung der Eltern führt aber auch
dazu, dass Vater oder Mutter ihren Frust bei den Kindern
abladen und schlecht über den nicht anwesenden Elternteil
sprechen. Das hat Auswirkungen auf die Kinder, denn ihre
Identität beziehen sie von zwei Elternteilen. Wird der abwesende
Elternteil abgelehnt, entwickelt das Kind eine negative Identität,
d. h. es kann sich nicht annehmen und bejahen.
Die Hauptkampffelder der leiblichen Eltern sind Sorgerechtsfra-

gen und Besuchsregelung. Jeder möchte zeigen, dass er der bessere Elternteil ist. Besonders die Besuchsregelung wird gelegentlich dazu missbraucht, um den anderen zu bekämpfen oder zu verletzen. Es gibt aber leider auch leibliche Väter, die ihre Vaterrolle nach einer Trennung überhaupt nicht mehr wahrnehmen, vor allem dann, wenn sie selbst eine neue Familie gegründet haben. Sie ziehen sich zurück und weigern sich vielleicht sogar, Unterhalt zu zahlen.

Heike, 41:

„Mein Ex-Mann ist inzwischen wieder verheiratet und lebt in einer Patchwork-Familie mit neuer Frau und Stieftochter. Seitdem interessiert er sich nicht mehr für unsere gemeinsamen Kinder und will auch nicht die volle Höhe des Tabellenunterhaltes für sie zahlen. Er hat seinen Kindern auch klipp und klar gesagt, dass er nun eine neue Familie habe und ihn die alte Familie nicht mehr interessiere. Meine Kinder (15 und 11 Jahre) empfanden das als totale Zurückweisung. Ich muss im Interesse der Kinder den vollen Unterhalt gerichtlich eintreiben."

Andererseits lassen sich auch bewusste Prozesse der Ausgrenzung beobachten:

Der leibliche Vater wird bei der Neugestaltung einer neuen Familie der leiblichen Mutter häufig als „Störenfried" empfunden, weil er durch seine Existenz immer wieder an die Trennung erinnert. Ist die gefühlsmäßige Trennung vom Ex-Partner nicht gelungen, werden die Spannungen durch „verspätete Ehekriegsspiele" zwischen dem leiblichen, abwesenden Elternteil und seinem Ex-Partner in die neue Familie getragen. Oft zeigt sich dies, wenn die Kinder nach Besuchen beim leiblichen Elternteil Probleme haben, sich wieder in die Familie hineinzufinden, in der sie ständig leben. Ist der abwesende Vater der „Verlassene", werden

Kinder nicht selten durch ihn funktionalisiert und als Spione oder Verbündete missbraucht. Dies kann bei den Kindern zu großen inneren Konflikten führen. Die Folgen können Verhaltensauffälligkeiten und Schulprobleme sein.

3. Die leiblichen Eltern gehen neutral miteinander um

Wenn die getrennten Eltern nicht wie in Modell 2 verfeindet sind, aber auch ein freundschaftlicher Umgang, wie in Modell 1 beschrieben wurde, unrealistisch ist, besteht die Chance – vorausgesetzt, die Verletzungen der Vergangenheit wurden bewältigt –, zumindest *neutral* miteinander umzugehen. Die leiblichen, inzwischen getrennt lebenden Elternteile können sich darauf einigen, die Verantwortung, Versorgung und Erziehung sowie die rechtliche Vertretung des Kindes mit verteilten Rollen wahrzunehmen. Sachlich werden Besuchs- und Ferienzeiten vereinbart und auch etwaige Probleme der Kinder besprochen. Es existiert auch keine Eifersucht, wenn z. B. der Stiefvater als „sozialer Vater" oder die Stiefmutter als „soziale Mutter" auch Aufgaben des nicht anwesenden leiblichen Elternteils übernimmt.

Unabhängig davon, ob es den getrennt lebenden leiblichen Eltern gelingt, freundschaftlich oder neutral miteinander umzugehen, ist die Ausübung des vom Gesetzgeber favorisierten gemeinsamen Sorgerechtes aus *praktischen Gründen* nicht immer möglich.

Beispiele:
Holgers Vater, der seit fünf Jahren von Holgers Mutter geschieden ist, arbeitet als leitender Diplom-Ingenieur an einem Staudammprojekt in Ägypten. Er kommt nur wenige Male im Jahr nach Deutschland, um Holger zu besuchen, und telefoniert und

mailt regelmäßig mit ihm. Der Vater zahlt Unterhalt für seinen Sohn und verbringt mit seinem Sohn seinen Jahresurlaub. Das alleinige Sorgerecht übt Holgers Mutter aus.

Ein anderes Beispiel:
Ein geschiedener Vater hat seine Arbeit verloren und nimmt einen neuen Job als Projektleiter 500 km vom Wohnort seines Kindes an. Da sein Kind in der gewohnten Umgebung bleiben und weder die Schule wechseln noch seinen Freundeskreis verlieren möchte, verzichtete der Vater auf das „gemeinsame Sorgerecht".

In solchen oder ähnlichen Fällen leben dann die Kinder bei ihren Müttern und werden von ihnen versorgt, während die Väter für ihre Kinder Unterhalt zahlen und Kontakte zu ihnen im Rahmen des Besuchsrechtes pflegen, d. h. sie sehen sie an vereinbarten Wochenenden und in Teilen der Ferien.
Aber auch die indirekte Präsenz des abwesenden, leiblichen Vaters hat Auswirkungen auf die Beziehungsdynamik innerhalb des Familiensystems:
Nicht anwesende, leibliche Väter haben einerseits durch ihre weitergegebenen Erbmerkmale und andererseits durch die Prägung ihrer Kinder während der gemeinsamen Elternzeit Einfluss auf die neue Patchwork-Familie.

Achim, der abwesende Vater von Clemens, ist ein notorischer Nörgler, dem niemand etwas recht machen kann, mit Neigung zum Sonderling. Sohn Clemens, der nach der Scheidung seiner Eltern und der erneuten Heirat seiner Mutter in der Patchwork-Familie seiner Mutter lebt, trägt diese ererbte oder vorgeprägte Fehlhaltung in das neue Familiensystem hinein, das dadurch belastet wird. Clemens scheint seinen leiblichen Vater zu kopieren und schlüpft in die Rolle des Sonderlings, der der übrigen Familie das Leben schwer macht.

Die Bedeutung des leiblichen Vaters für die kindliche Entwicklung und Identitätsbildung wird durch die inzwischen umfangreiche Väterforschung ausreichend belegt.[20]
Wie sehr der fehlende Vater im Leben speziell von Söhnen gegenwärtig ist, zeigt das 1980 von Peter Härtling geschriebene Porträt seines Vaters: *„Nachgetragene Liebe"*[21]

4. Großeltern und Enkel

Mit einer neuen Partnerschaft kommt meist auch ein weiteres Großelternpaar hinzu. Entsprechend dem „Stief-Vater" oder der „Stief-Mutter" könnte man dann auch von „Stief-Großeltern" sprechen. Für Kinder kann das Hinzukommen eines weiteren Großelternpaares ein Gewinn sein. Voraussetzung ist allerdings, dass die Großeltern untereinander nicht in Konkurrenz treten. Weder sollten die „neuen" Großeltern meinen, nun die besseren Großeltern zu sein oder gar die „alten" Großeltern ersetzen zu wollen, noch sollten die leiblichen Großeltern versuchen, die „neuen" auszuschließen. Die gemeinsame Geschichte mit dem Enkelkind sowie die gemeinsamen Wurzeln kann ihnen ohnehin niemand nehmen.

Großeltern spielen im sozialen Netz der Patchwork-Familie eine große Rolle. Gerade für die Kinder sind Oma und Opa im ganzen Trennungs- und Beziehungsstress und bei der Neugründung einer Patchwork-Familie häufig die einzigen Beziehungskonstanten.

Unbeeinträchtigte Kontakte zu den Großeltern beider Seiten bedeuten für das Kind Stabilität in einer sich verändernden familiären Welt. Enkel lernen zu verstehen, dass sich zwar Vater und

Mutter trennen, dass es aber auch vertraute familiäre Beziehungen gibt, die bestehen bleiben. Großeltern können dem Kind ein Stück vertrauter familiärer Welt erhalten. Kinder können bei den Großeltern emotional „auftanken".

Großeltern können so wesentlich dazu beitragen, dass das Kind die familiären Krisenzeiten von Trennung, Scheidung und Neuanfang in einer Patchwork-Familie möglichst unbeschadet übersteht. Vertrautes schafft Vertrauen. Großeltern können ihren Enkelkindern Beständigkeit und Vertrautheit bieten in einer Phase des Umbruchs und der Umorientierung und damit werden sie zu wichtigen Stützpunkten auf der schwankenden Brücke familiärer Veränderungen. Nicht ersparen können Großeltern dagegen ihren Enkelkindern die Trauer um den Verlust der Ursprungsfamilie.

Vera, 19:

„Ich habe mich nach der Scheidung meiner Eltern immer zu meinen beiden Großeltern zurückgezogen, weil dort alles so war wie immer. Es war für mich ein Ort der harmonischen Auszeit, in der ich auftanken konnte. Oft war ich sehr traurig und dann haben Opa und Oma immer etwas Besonderes mit mir unternommen oder Oma hat für mich mein Lieblingsessen gekocht. Mit Opa habe ich im Garten gearbeitet und gebastelt, mit Oma gespielt und geschmust. Wenn ich auf meine Eltern sauer war, konnte ich alles mit Opa und Oma besprechen. Ich bin dankbar dafür, dass ich so liebe und verständnisvolle Großeltern hatte, die mich durch schwere Zeiten begleitet haben und das ausgeglichen haben, was meine Eltern nicht leisten konnten, weil sie zu sehr mit sich selbst beschäftigt waren."

Das folgende Beispiel schildert, wie eine Oma auf das unerwartete Glück zusätzlicher Stiefenkel reagiert:

Hilde, 82:

„Ich wurde ganz unerwartet noch einmal Oma. Als mein ältester Sohn sich neu verliebte, bekam ich vier neue Enkel gleichzeitig. Seine heutige Frau Daniela brachte drei Jungs und ein Mädchen mit. Für mich ist das ein reicher Segen, denn jetzt habe ich insgesamt sogar 12 Enkelkinder. Und ich würde gern noch 50 Jahre leben, damit ich sehen kann, wie's mit allen weitergeht. Als die Kleinen von Daniela zum ersten Mal zu Besuch kamen, waren sie ein bisschen wortkarg – aber das kann man verstehen: Da lernen sie jemanden neu kennen, und der soll mit ihnen verwandt sein? Inzwischen haben wir ein gutes Verhältnis, was für meine Generation nicht unbedingt normal ist. Andere hätten vielleicht Vorbehalte gegen ihre Stiefenkel, aber schließlich habe ich auch zweimal geheiratet und habe selbst zwei Stiefkinder. Ich rufe alle meine Enkel zu ihren Geburtstagen an. Selbstverständlich kommen sie auch zu Familienfeiern und natürlich erzähle ich jedem, der meine Kinder kennt, auch von meinen neuen Enkeln. Wer kriegt schon vier auf einen Schlag?"

VI
10 Tipps für Patchwork-Familien

1. Erkenntnis und Akzeptanz der Besonderheit einer Patchwork-Familie

Alle Paare, die eine Patchwork-Familie gründen wollen, sollten sich bewusst machen, dass in der ersten Zeit allerlei Probleme auftreten können und dass die Anpassungsphase zu Beginn des Zusammenlebens nicht leicht zu bewältigen ist.

Wer sich darauf einstellt, dass anfangs Schwierigkeiten auftauchen können, und trotz gelegentlicher Rückschläge viel Durchhaltevermögen beweist, erfüllt eine wesentliche Voraussetzung dafür, dass sich langsam Nähe, Vertrauen und Wohlwollen entwickeln können. Zu mehr *Gelassenheit* kann der Gedanke beitragen, dass auch in herkömmlichen Familien Probleme an der Tagesordnung sind.

Die Patchwork-Familie bietet aber auch Chancen. Um von diesen profitieren zu können, ist es notwendig, dass in der Familie ein Bewusstsein für die Besonderheiten dieser Familienform besteht:

Eine Zweitfamilie kann am ehesten gelingen, wenn *ihre Besonderheit* täglich und mit viel Einfühlungsvermögen beachtet wird und die neue Familie die Möglichkeit hat, ihre *eigene Identität* zu entwickeln. Diese besonderen Familien müssen nach ihren eigenen Gesetzmäßigkeiten leben dürfen, befreit vom Zwang, so „normal" zu sein wie andere Familien. Sie sollen sich ihrer Andersartigkeit bewusst sein und sich trotzdem respektiert fühlen. *Offenheit* und *Toleranz* sind darüber hinaus hilfreiche Grundpfeiler zur Überwindung von Stolpersteinen in diesen neu gestalteten Familien.

2. Geduld und Zeit

Die Gründungsphase einer Patchwork-Familie erfordert besonders viel Verständnis und sensiblen Umgang miteinander, denn während die Eltern verliebt sind, trauern die Kinder häufig noch um den Verlust ihrer Familie und ihres gewohnten Lebens. Patchwork-Eltern, die wissen, dass es für alle Beteiligten eine Herausforderung ist, sich in ein neues System einzufügen, brauchen *Geduld und Durchhaltevermögen* und lassen allen Beteiligten *Zeit* zur Neuorientierung.

Es hat sich herausgestellt, dass Patchwork-Familien etwa fünf Jahre brauchen, um zusammenzuwachsen.[22] Die Geduld hat dann aber auch ihren Lohn: Was hart erkämpft wurde, betrachtet man als besonders wertvoll. Darüber hinaus entwickeln die Kinder einer Patchwork-Familie durch die wesentlich höhere Zahl für sie wichtiger Bezugspersonen und durch die höhere Familiendynamik eine deutlich höhere Konfliktfähigkeit, Toleranz und soziale Kompetenz.

Geduld ist also beim Prozess des Zusammenwachsens einer Patchwork-Familie eine der wichtigsten Tugenden.

3. Faire Scheidung als Voraussetzung für gemeinsame Elternschaft

Voraussetzung für das Funktionieren der neuen Patchwork-Familie ist eine faire Scheidung. Wenn eine Scheidung in einen Vernichtungsfeldzug ausartet, hat eine „Zweitfamilie" nur wenige Chancen auf Erfolg, weil durch die Auseinandersetzung mit einem Ex-Partner der neuen Familie Energien entzogen werden, die sie aber zum Neustart braucht.

Gleich zu Beginn der Trennung stellen beide Eheleute die Weichen, ob das Scheidungsverfahren human ablaufen wird oder in Form eines „Rosenkrieges". Sofern beide Ehepartner richtig beraten werden (Fachanwalt für Familienrecht oder Mediator) und beide Ehepartner auch bereit sind, sich fair zu trennen, werden Nerven und finanzielle Mittel beider Seiten geschont und die Weichen für einen respektvollen Umgang als Eltern miteinander gelegt.

Geschiedene Paare müssen auch lernen, die unbewussten Muster des Umgangs auf der Paarebene zu verlassen und sich auf die Elternebene zu beschränken. Das ermöglicht es ihnen, konstruktiv zum Wohle ihrer Kinder zu kooperieren.

4. Entwicklung verbindlicher Regeln

Wenn verschiedene Familien und Verhaltensmuster aufeinanderstoßen, ist es unvermeidlich, neue *Regeln* gemeinsam auszuhandeln, die dann für alle Familienmitglieder verbindlich sind.

Machen Sie Ihren Kindern und Stiefkindern klar, dass eine Patchwork-Familie kein Selbstbedienungsladen ist, sondern dass jedes Familienmitglied Rechte, aber auch Pflichten hat und nicht nur nehmen kann, sondern auch etwas einzubringen hat.

Das eigene, blutsverwandte Kind muss immer das Gefühl haben, dass ihm seine leiblichen Eltern erhalten bleiben. Keinesfalls darf der Verdacht aufkommen, dass Stief- oder Halbgeschwister bevorzugt werden.

Patchwork-Eltern sollten die spezielle Bindung zwischen leiblichen Eltern und Kind respektieren und sich der Bedeutsamkeit dieser Beziehung für beide bewusst sein.

Wichtigste Grundregel für alle Familienmitglieder ist Höflichkeit, die überhaupt das Getriebeöl menschlicher Beziehungen ist und Respekt ausdrückt.

5. Miteinander reden

Gestalten Sie Ihre neue Familie gemeinsam. Wer mitreden, mitverhandeln und gemeinsam Kompromisse schließen lernt, fühlt sich als gleichwertiges Mitglied des neuen Familienverbandes und identifiziert sich schneller mit der neuen Familie.

Familientherapeuten raten zu *liebevoller Konsequenz* und betonen, wie wichtig es sei, *miteinander zu reden*. Kinder müssen lernen, Verständnis für die Situation der Erwachsenen aufzubringen, und die Erwachsenen müssen auf die Bedürfnisse, Sorgen und Ängste der Kinder eingehen.

6. Vermeidung übertriebener Erwartungen

Grundsätzlich sollten Sie sich von dem Klischeebild trennen, dass alle einander lieben und fortan alles gemeinsam machen. Es ist schon eine große Leistung, wenn aus anfänglicher Ablehnung eine *neutrale Beziehung* wird, in der man *respektvoll* miteinander umgehen kann.

Wie überall, so spielt auch beim Projekt *Patchwork-Familie* die *Erwartungshaltung* aller eine große Rolle. Die meisten Zweitfamilien leiden unter *zu hohen Erwartungen* und stellen zu hohe Ansprüche an die neue Familie. Die Familiengemeinschaft soll möglichst schnell einwandfrei funktionieren, und alle sollen in ihr uneingeschränkt glücklich sein können. Dabei bleibt leider unberücksichtigt, dass jeder sein Stück Geschichte mit einbringt und dass man nicht gewaltsam eine Gemeinschaft zusammenfügen kann. Wer zu schnell auf Normalität und Harmonie drängt, überfordert damit nicht nur den Partner und die Kinder, sondern meist auch sich selbst. Überforderung ist Stress und keine gute Basis für einen Neubeginn.

7. Entwicklung neuer Rituale

Gelingen kann eine Patchwork-Familie auch dadurch, dass gemeinsame Anstrengungen zur Entwicklung neuer Rituale unternommen werden. Dafür eignen sich, vor allem anfangs regelmäßige *Familienabende*, an denen jeder die Möglichkeit hat, zu Wort zu kommen. Besonders wichtig ist das bei Familien mit Teenagern. Ein Familienabend könnte beispielsweise zu einem Ritual werden, das Zugehörigkeit schafft und die Möglichkeit bietet, einander besser kennenzulernen. Jeder hat hier die Chance, das einzubringen, was ihm wichtig ist. Es kann beispielsweise besprochen werden, wann die Kinder während der Woche abends zu Hause sein müssen, wie Feiertage oder Weihnachten gefeiert werden sollen, welche gemeinsamen Unternehmungen stattfinden sollen, wohin der nächste Familienurlaub geht, wie Konflikte bereinigt werden und welche Umgangsformen untereinander gelten sollen.

8. Umzug in ein neues Domizil

Kluge Patchwork-Eltern wissen, dass jede neue Beziehung einen neuen Rahmen braucht. Deshalb ist es für alle Beteiligten günstiger, statt zueinander, in ein neues Umfeld zu ziehen, wodurch der Neuanfang für alle erkennbar wird. Niemand dringt dann in das Territorium eines anderen ein, niemand muss sich als Eindringling fühlen und niemand muss sein Territorium verteidigen.

9. Gut für sich selbst sorgen können

Wer eine Patchwork-Familie mit all ihren Besonderheiten und Herausforderungen managt, muss zunächst dafür sorgen, dass es ihm selbst gut geht, denn nur derjenige, der gut für sich selbst sorgen kann, ist auch anderen eine Kraftquelle. Wer sich wohlfühlt, ist belastbarer. Wohlbefinden, Glück, gute Gedanken und Gefühle gehören zu unseren Grundbedürfnissen und deshalb ist niemand ein Egoist, der dafür sorgt, dass es ihm selbst gut geht.

10. Bei Überforderung Unterstützung suchen!

Wenn Sie sich überfordert fühlen, zögern Sie nicht, eine Familienberatung in Anspruch zu nehmen. Sie hilft allen Beteiligten, ein neues Rollenverständnis zu finden, und unterstützt die Neuorganisation der Familie.

Zum Schluss ein Beispiel, das zeigt, wie eine Patchwork-Familie gut funktionieren kann:

Ilona, 39:

„Mein Mann und ich lernten uns vor vier Jahren kennen. Er hatte zwei Töchter, ich hatte eine. Seine Töchter sind 12 Tage bei ihrer Mutter und zwei Tage (Wochenende) bei uns, meine Tochter ist 12 Tage bei uns und zwei Tage bei ihrem Vater. Wir hatten mit unserer Patchwork-Familie wenige Probleme, weil wir uns auf das Anderssein dieser Familie eingestellt und uns selbst Regeln aufgestellt haben:

Mein Mann und ich haben mit unseren Kindern ganz selbstverständlich über den neuen Partner in unserem Leben geredet, denn nichts belastet Kinder mehr als Geheimniskrämerei. Wir haben uns nicht gegeneinander ausspielen lassen. Von Anfang an haben wir miteinander klare Absprachen getroffen und das auch den Kindern gegenüber vertreten. Wir verfolgten stets eine konsequente Linie. Ich habe nie versucht, den Kindern meines Mannes ihre Mutter zu ersetzen. Sie haben schließlich eine. Ich versuche heute noch, ihnen eine Freundin zu sein, und wir fahren gut damit. Mein Mann hat nie versucht, meiner Tochter ihren Vater zu ersetzen. Mein Mann ist für meine Tochter ein toller Freund, der mit ihr Mathe übt und bei dem sie Hilfe und Unterstützung findet, wenn sie es braucht. Und ihr leiblicher Vater ist 100%ig ihr Vater. Wir haben uns auch stets an die ‚goldene Regel' gehalten, niemals vor den Kindern den außerhalb der neuen Familie lebenden Elternteil schlechtzumachen. Probleme gibt es aber trotz allem von Zeit zu Zeit. Dann hilft nur eines: Sich zusammensetzen und miteinander reden."

Im besten Falle kann eine Patchwork-Familie eine für alle Beteiligten bereichernde Lebensform sein, weil sie Perspektiven eröffnet und Vielfalt bietet. Wenn Kinder spüren, dass sie in verschiedenen Familien willkommen sind und Erwachsene sich nicht ausschließlich an die Verletzungen in ihren ehemaligen Partnerschaften erinnern, ist ein großer Schritt getan.

Der gesellschaftliche Wandel ist unumstößlich und neue Lebenssituationen erfordern neue Lebensmodelle.

ANHANG

Neuregelung des Ehegattenunterhaltes

Bis 2007 lautete § 1568 BGB: *„Kann ein Ehegatte nach der Scheidung nicht selbst für seinen Unterhalt sorgen, so hat er gegen den anderen Ehegatten einen Anspruch auf Unterhalt nach den folgenden Vorschriften."[23]* Seit 2008 heißt es: *„Nach der Scheidung obliegt es jedem Ehegatten, selbst für seinen Unterhalt zu sorgen. Ist er dazu außerstande, hat er gegen den anderen Ehegatten einen Anspruch auf Unterhalt nach den folgenden Vorschriften."[24]*

Der Unterschied ist: Die neue Überschrift und die Umformulierung („Obliegenheit") sind als deutliches Signal dafür zu verstehen, dass Unterhalt nach der Scheidung die Ausnahme, nicht die Regel, darstellen soll. Der Grundsatz des neuen Gesetzes ist *Eigenverantwortung* (§1569 BGB):

Jeder der Ehegatten soll für seinen Lebensunterhalt selbstständig sorgen. Der weniger verdienende Ex-Ehepartner kann unter bestimmten Voraussetzungen von dem besser verdienenden Ex-Ehepartner Unterhalt fordern.

Gewinner der Reform sind die <u>Kinder – sowie viele Männer.</u> Minderjährige Kinder sind im Vorteil, weil sie seit 2008 im Mangelfall, wenn also nicht genug Geld für alle Beteiligten zur Verfügung steht, an erster Stelle des Unterhaltsanspruchs stehen, ob sie ehelich oder nicht ehelich geboren wurden. Früher mussten eheliche Kinder sich diesen ersten Rang mit der Mutter teilen, die Mütter unehelicher Kinder kamen immer schlechter weg.

Heute lautet der Leitgedanke: *Familie ist da, wo Kinder sind.* Deshalb steht die finanzielle Absicherung geschiedener Mütter, hinter der der Kinder zurück, und zwar hinter den ehelichen wie den unehelichen des Mannes. Dadurch profitieren die Väter, die ihren früheren Frauen voraussichtlich keinen Unterhalt mehr zahlen müssen, wenn die gemeinsamen Kinder älter als drei Jahre sind, nicht krank und sich eine Betreuung finden lässt.

Nach altem Recht galt das Phasenmodell, wonach eine Mutter bis zum achten Lebensjahr der Kinder ganz zu Hause bleiben konnte, bis zum fünfzehnten Jahr nur in Teilzeit arbeiten musste. Wer mehrere Kinder großzog, hatte nach langer Abstinenz von der Berufstätigkeit kaum mehr eine Chance, Arbeit zu finden. Wenn eine Frau keinen angemessenen Job nach langer Familienzeit mehr fand, hieß das für den Ex-Ehemann, lebenslänglich gegenüber seiner Ex-Ehefrau unterhaltspflichtig zu sein.

Sofern Einkommensunterschiede bestehen, ist während der Trennungszeit in der Regel immer Ehegattenunterhalt zu gewähren. Dem berechtigten Ehepartner ist nicht zuzumuten, bereits vor einer Ehescheidung eine Erwerbstätigkeit aufzunehmen oder auszudehnen, um allein seinen Lebensunterhalt zu bestreiten. Der Grund ist darin zu sehen, dass die Trennungszeit als Übergangsphase anzusehen ist, in der noch die Möglichkeit auf Wiederherstellung der Lebensgemeinschaft besteht.

Der nacheheliche Unterhaltsanspruch ist nicht die Regel sondern die Ausnahme. Wenn Unterhaltsansprüche geltend gemacht werden, sind die erforderlichen Voraussetzungen darzulegen und gegebenenfalls zu beweisen.

Eine Grundvoraussetzung für Anspruch auf Ehegattenunterhalt

ist die *Bedürftigkeit*. Bedürftig ist: Wer sich von seinem Einkommen und Vermögen nicht selbst unterhalten kann (§ 1577 BGB), ferner unter Umständen seine in der langen Ehe so gelebten Ansprüche nicht halten kann (§ 1574 BGB). Der Ex-Partner soll so vor sozialem Abstieg geschützt werden.

Unterhaltsansprüche (BGB Unterhaltsberechtigung §§ 1570-1580) des Ex-Partners können bestehen:

1. wegen Betreuung eines gemeinsamen Kindes (§ 1570 BGB)
2. wegen Alters (§ 1571 BGB)
3. wegen Krankheit oder Gebrechen (§ 1572 BGB)
4. wegen Arbeitslosigkeit (§ 1573 Abs. 1 BGB)
5. Aufstockungsunterhalt (§ 1573 Abs. 2 BGB)
6. für Ausbildung, Fortbildung oder Umschulung (§ 1575 BGB)
7. aus Billigkeitsgründen (§ 1576 BGB).

Juristische Empfehlungen für eine Zweitehe

Natürlich muss man auch bei Zweitehen an das mögliche Scheitern der Verbindung denken und entsprechend Vorsorge treffen. Daher sollten für den Fall der Trennung im Vertrag auch *Zugewinn- und Versorgungsausgleich* geregelt sein, denn das Scheidungsrisiko ist laut Familienforschung deutlich höher als bei Erstehen.

Für Zweitehen ist es zur Vermeidung von Streitigkeiten geboten, vertraglich *Gütertrennung* zu vereinbaren. Bei Neuanschaffungen sollte die Zweitfrau als Eigentümerin, bei Lebensversicherungen als Bezugsberechtigte im Vertrag eingetragen werden. Grundsätzlich sollten alle, die zum zweiten oder dritten Mal eine Partnerschaft ob mit oder ohne Trauschein eingehen, einen *Partnerschafts- bzw. Ehevertrag* vereinbaren.

Seit 2008 hat die Ehe als Versorgungsinstitut für geschiedene Frauen ausgedient (s. „Neuregelung des Ehegattenunterhaltes", (Seite 135). Wer künftig sein Leben als Mutter und Hausfrau verbringen möchte, geht ein finanzielles Wagnis ein. Früher waren es die Männer, die auf einen Ehevertrag pochten, um sich vor überzogenen Unterhaltsforderungen ihrer Frauen zu schützen. Nun sind es die Frauen – vor allem die, die sich auf die Erziehung ihrer Kinder konzentrieren wollen –, die sich bei der Eheschließung vertraglich absichern sollten, um im Falle der Scheidung über das dritte Lebensjahr des Kindes hinaus Anspruch auf Unterhalt zu haben.

Neufassung des Kindschaftsrechtes

Im gesetzlich geregelten Normalfall behalten die leiblichen Elternteile auch nach einer Scheidung die gemeinsame elterliche Sorge für die Kinder (§ 1626 BGB). *Der Stiefelternteil, der mit den Kindern zusammenlebt, hat keine Erziehungsrechte.* Dies ist nicht unproblematisch, da oft gerade Stiefmütter einen großen Teil der Alltagsbetreuung und Sorge übernehmen. Darüber hinaus ergibt sich im Alltag durchaus die Situation, dass der Stiefelternteil Entscheidungen allein für das Stiefkind treffen muss (beispielsweise bei Abwesenheit des leiblichen Elternteils). Hierzu kann der andere leibliche Elternteil dem Stiefelternteil eine Vollmacht ausstellen. (§ 1687 b Abs. 1 BGB)

Das „kleine Sorgerecht"

Eingeführt ist mittlerweile das sogenannte *kleine Sorgerecht:* In diesem Fall erwirbt der neue Partner oder die neue Partnerin das „kleine Sorgerecht". Das gilt allerdings nur, wenn dem Elternteil das alleinige Sorgerecht zusteht. Teilt er es noch mit dem anderen Elternteil, bleibt der/die (neue) Partner/in außen vor.

Das „kleine Sorgerecht" gewährt dem Stiefelternteil seit 2001 gewisse Mitspracherechte in Alltagsfragen und auch die Möglichkeit, das Kind gesetzlich zu vertreten. Dies gilt jedoch nur, wenn der leibliche Elternteil allein sorgeberechtigt ist. Ist dies nicht der Fall, müssen Vollmachten helfen, dem Stiefelternteil mehr Rechte im Alltag einzuräumen, zum Beispiel in Schul-, Ausbildungs- oder medizinischen Fragen. Dies ist besonders in solchen Patchwork-Familien wichtig, in denen der Stiefelternteil im täglichen Leben für die Betreuung der Kinder zuständig ist und an Elternabenden teilnehmen oder das Kind zum Arzt begleiten will. Außerdem erhält der Partner eine Notzuständigkeit in Eilfällen. Das „kleine Sorgerecht" endet mit dem Getrenntleben der Partner.[25]

Quellenverzeichnis

1. Kästner, Erich: Sachliche Romanze in: Karl Otto Conrady, Das große deutsche Gedichtbuch, 2. Aufl. der 2. Ausgabe, 1992 (1991), S. 495, Artemis & Winkler
2. vgl. Kast, Verena (1990),Trauern. Phasen und Chancen eines psychischen Prozesses, Stuttgart: Kreuz Verlag
3. Schindler, Nina (1995), Wenn meine Eltern sich trennen, Berlin: Altberliner Verlag
4. Unter www.gesundheitsseiten24.de/menschliche-psyche/psychische-probleme-und-kinder/scheidungskinder.html (nach dem Stand vom 31.03.2010)
5. Unter www.lindeverlag.at/zeitschrift-147-147/ifamz-3/zeitschriften/inhaltsverzeichneis/ifamz_2009_03.pdf (nach dem Stand vom 31.03.2010)
6. Döring, Dorothee (2009), Glückliche Patchworkkinder – Zuhause in mehreren Familien, Stuttgart: Kreuz Verlag
7. Unter http://wireltern.eu/news/parental-alienation-syndrome-eltern-entfremdungs-syndrom-pas.html (nach dem Stand vom 31.03.2010)
8. Unter www.cef-ev.de/index.html?/folgen_von_scheidung/folgen_von_scheidung.html (nach dem Stand vom 31.03.2010)
9. Unter www.uni-Bielefeld.de/Universitaet/Einrichtungen/Zentrale%20Institute/IWT/FWG/Scheidung/zufriedenheit.html (nach dem Stand vom 31.03.2010)
10. Unter www.focus.de/kultur/leben/moderes-leben-schlaflos-in-atlanta_aid_153768.html (nach dem Stand vom 31.03.2010)
11. Unter www.focus.de/kultur/leben/moderes-leben-schlaflos-in-atlanta_aid_153768.html (nach dem Stand vom 31.03.2010)
Unter www.uni-koeln.de/phil-fak/psych/entwicklung/forschung/scheidung/kurzbericht.html (nach dem Stand vom 31.03.2010)
Schmidt-Denter, Ulrich und Wolfgang Beelmann (1995), Familiäre Beziehungen nach Trennung und Scheidung – Veränderungsprozesse bei Müttern, Vätern und Kindern. Universität zu Köln (nicht im Buchhandel)
12. Shalev, Zeruya (2005), Späte Familie, Berlin: Berlin Verlag
13. Norwood, Robin (1986), Wenn Frauen zu sehr lieben, Reinbek: Rowohlt
14. vgl. Döring, 2009, a. a. O., S. 9 ff

15. Das Gewürz der Seligen, Unter www.leselupe.de/lw/titel-Klein-stadtgeschichte-93942.htm (nach dem Stand vom 31.03.2010)
16. Unter www.elternimnetz.de/cms/paracms.php? site_id=5&page_id=236. (nach dem Stand vom 31.03. 2010)
17. Kast, Verena (2004), Familienkonflikte im Märchen – Eine psychologische Deutung, München: DTV
18. Grimm, Brüder (1999), Kinder- und Hausmärchen. Vollständige Ausgabe, Düsseldorf und Zürich: Artemis & Winkler Verlag, Patmos Verlag
19. Sieder, Reinhard (2008): Patchworks – das Familienleben getrennter Eltern und ihrer Kinder, Stuttgart: Klett-Cotta, 2008
20. Petri, Horst (2002), Das Drama der Vaterentbehrung, Stuttgart: Kreuz Verlag
21. Härtling, Peter (1980), Nachgetragene Liebe, Darmstadt und Neuwied: Verlag Luchterhand
22. vgl. unter www.eheberatung-karlsruhe.de/seiten/patchwork.htm (nach dem Stand vom 31.03.2010)
23. (§ 1568 BGB bis 31.12.2007) Unter www.juraforum.de/gesetze/BGB/1568/1568_BGB_härteklausel_.html (nach dem Stand vom 31.03.2010)
24. (§ 1568 BGB ab 01.01.2008) Unter www.juraforum.de/gesetze/BGB/1568/1568_BGB_härteklausel_.html (nach dem Stand vom 31.03.2010)
25. Unter www.planet-wissen.de/alltag/gesundheit/familie/stieffamilien/rechtsfragen.jsp (nach dem Stand vom 15.04.2010)

Weiterführende Literatur

Bien, Walter, Angela Hartl, Markus Teubner, (2002), Stieffamilien in Deutschland. Eltern und Kinder zwischen Normalität und Konflikt, Wiesbaden: Vs Verlag

Bliersbach, Gerhard, (2000), Halbschwestern, Stiefväter und wer sonst noch dazugehört. Leben in einer Patchwork-Familie. Düsseldorf: Walter

Czenrin, Monika, Largo, Remo, (2003), Glückliche Scheidungskinder – Trennungen und wie Kinder damit fertig werden, München: Piper

Früh, Doris, (2002), Im Schatten der Ersten – Partnerschaft mit einem geschiedenen Mann, München: Kösel Verlag

Döring, Dorothee, (2009), Glückliche Patchworkkinder – Zuhause in mehreren Familien, Stuttgart: Kreuz Verlag

Figdor, Helmuth, (2001), Kinder aus geschiedenen Ehen – Zwischen Trauma und Hoffnung. Eine psychoanalytische Studie, Mainz: M. Grünewald-Verlag

Petri, Horst, (2002), Verlassen und verlassen werden, Stuttgart: Kreuz Verlag

Sieder, Reinhard, (2008), Patchworks – das Familienleben getrennter Eltern und ihrer Kinder, „Stuttgart: Klett-Cotta"

Wendt, H., (2003), Wir Scheidungskinder – Töchter und Söhne erzählen vom Verlust der Familie, Berlin: Schwarzkopf & Schwarzkopf Verlag

Kinderbücher zum Thema Patchwork-Familie

Endres, Brigitte: Familie Patchwork, Nils und seine neue Familie, Herder Verlag, Freiburg 2007

Hammerl, Elfriede: Müde bin ich Känguru: Nachrichten aus dem Krisengebiet einer Patchwork-Familie, Deuticke Verlag 2006

Hicks, Betty: Der Sommer, in dem meine Sonnenblume gekillt wurde, Dressler Verlag Hamburg 2006

Koch, Karin: Emil wird sieben, Hammer Verlag 2005

Linde, Heidi: Alles Lüge oder Wer liest schon fremde Tagebücher, Dressler Verlag Hamburg 2007

Luciani, Brigitte: Roxy Fuchs und die Dachsbrüder: Ein nächtliches Abenteuer, Ellermann Verlag 2008

Neuffer, Sabine: Das Papa-Projekt, Dressler Verlag Hamburg 2006

Gerber-Hess, M.: Patchwork-Familie. Jana bewältigt die Trennung ihrer Eltern, Rex Verlag 2002

Adressen

Jedes Jugendamt hält regional bezogene Adressen und Hilfen bereit. Außerdem bieten die freien Wohlfahrtsverbände vor Ort Hilfe und Beratung. Hier sollten Sie zuerst Hilfe suchen. Meistens steht ein Team aus Sozialarbeitern und Psychologen zur Verfügung. Adressen stehen sowohl im Telefonbuch als auch im Branchenverzeichnis. Darüber hinaus erhalten Sie Adressen von Beratungsstellen in Ihrer Nähe bei folgenden Institutionen:

Bundeskonferenz für Beziehungsberatung e. V.
Herrnstraße 53, D-90763 Fürth
Tel.: (09 11) 9 77 14-0, Fax: (09 11) 74 54 97
E-Mail: bke@bke.de
www.bke.de

pro familia e. V. Bundesverband
Stresemannallee 3, 60596 Frankfurt/Main
Tel.: (0 69) 63 90 02, Fax: (0 69) 63 98 52
E-Mail: info@profamilia.de
www.profamilia.de

Katholische Bundesarbeitsgemeinschaft für Ehe-, Familien- und Lebensberatung, Telefonseelsorge und Offene Tür e. V.
Kaiserstraße 161, 53113 Bonn
Tel.: (02 28) 1 03-2 34, Fax: (02 28) 1 03-3 34
E-Mail: info@katholische-eheberatung.de
www.katholische-eheberatung.de

Diakonisches Werk der Evangelischen Kirche in Deutschland e. V.
Stafflenbergstraße 76, 70184 Stuttgart
Tel.: (07 11) 21 59-0, Fax: (07 11) 21 59-2 88

Deutsche Arbeitsgemeinschaft für Jugend- und Eheberatung e.V. (DAJEB)

Bundesgeschäftsstelle

Neumarkter Straße 84 c, 81673 München

Tel.: (0 89) 4 36 10 91, Fax: (0 89) 4 31 12 66

Die DAJEB ist ein überparteilicher, konfessionell nicht gebundener Verband mit den Arbeitsschwerpunkten Fort- und Weiterbildung sowie Forschung im Bereich Ehe und Familie. Die DAJEB wird zum größten Teil vom Bundesministerium für Familie, Senioren, Frauen und Jugend (BMFSFJ) gefördert.

Bundesarbeitsgemeinschaft für Beratung bei Familienkrisen, Trennung und Scheidung

Günterstalstr. 41, 79102 Freiburg

Tel.: (07 61) 7 87 61

Pro Familia NRW

Postfach 13 09 01, 42036 Wuppertal

Tel. (02 02) 2 45 65 10, Fax: (02 02) 2 45 65 30

E-Mail: landesverband@profamilia-nrw.de

www.profa.de/nrw

Bundesarbeitsgemeinschaft für Beratung bei Familienkrisen, Trennung und Scheidung

Germersheimerstraße 26, 81541 München

Tel.: (0 89) 49 64 11

PFAD – Bundesverband der Pflege- und Adoptivfamilien e. V.

Heinrich-Hoffmann-Str. 3, 60528 Frankfurt/Main

Tel.: (0 69) 67 06-2 85, Fax: (0 69) 67 06-2 88

www.pfade-bv.de

Bundesarbeitsgemeinschaft Selbsthilfegruppen Stieffamilien
Bahnhofstr. 59, 63179 Obertshausen
Tel.: (0 61 04) 40 79 70, Fax: (0 61 04) 40 79 71

Selbsthilfeforum
Zahlreiche Links, Informationen und Kontaktmöglichkeiten zu Selbsthilfegruppen finden sich im Selbsthilfeforum im Internet unter: www.selbsthilfe-forum.de

Im Internet finden sich zahlreiche nützliche Hinweise, z. B.:

Patchwork-Familien online
www.blended-family.de - (Informative Seite für Patchwork-Familien, die sich austauschen möchten)

Single Parents – Alleinerziehende Online
www.Spao.de (Hier gibt es Tipps und Infos für Alleinerziehende mit und ohne Partner. Und für alle, die eine Patchwork-Familie gründen wollen, eine große, kostenlose Kontaktbörse.)

Zweitfamilie
www.zweitfamilien.de (Umfragen, Berichte, Buchtipps und die Möglichkeit des Austausches für Patchworker)

Übersicht über alle Familienberatungsstellen in Deutschland
bei der BKE, Bundeskonferenz für Erziehungsberatung e. V.
Herrnstr. 53, 90763 Fürth
Tel.: (09 11) 9 77 14-0, Fax:(09 11) 74 54 97
E-Mail: bke@bke.de

Bundes-Arbeitsgemeinschaft für Familienmediation
c/o RA Paul
Eisenacher Str. 1, 10777 Berlin

Tel.: (0 30) 23 62 82 66 - Fax: (0 30) 2 14 17 57
E-Mail: bafm-mediation@t-online.de

www.stieffamilien.de (Hier finden Sie rechtliche Informationen, Adressen für Selbsthilfeorganisationen in über 30 Gruppen und ausführliche Beratung)
www.ehe-familien-lebensberatung.de

Psychotherapeutische Beratung
Eine Auflistung psychotherapeutischer Praxen in Ihrer Nähe finden Sie im Telefon- und Branchenbuch. Außerdem können Sie eine Liste mit Therapeuten bei Ihrer Krankenkasse anfordern. Diese Liste enthält nur Therapeuten, deren Behandlung von der Krankenkasse bezahlt wird. Außerdem gibt es eine Auswahl in Frage kommender Therapeuten zu erhalten beim:
Psychotherapie-Informations-Dienst.
Er ist unter der Bonner Rufnummer (02 28) 74 66 00 erreichbar und zwar montags, dienstags, donnerstags und freitags zwischen 13 und 16 Uhr. Internet: www.psychotherapiesuche.de

Stiefelternschule
Im Einführungsseminar geht es um die moralische Eigenbewertung der Stieffamilie, Stieffamilie im Kontext der Entwicklung von Familie und das Kennenlernen verschiedener Stieffamilientypen.
www.familienhandbuch.de/cms/Familienbildung-Stiefeltern.pdf

Soziale Vaterschaft in Stieffamilien
Soziale Vaterschaft ereignet sich in einem gesellschaftlichen Raum, der bereits vom abwesenden leiblichen Vater direkt oder indirekt geprägt wurde.
www.familienhandbuch.de/cmain/f_Aktuelles/a_Teilfamilien/s_1528.html

Dr. Elisa Medhus

Starke Kinder

Wie Sie Kinder vor schädlichen Einflüssen schützen

Konsumdenken, Konkurrenzverhalten, Kommerz... Kinder sind heute einer Vielzahl von Zeitgeist-Einflüssen wie Gruppenzwängen, Rap-Texten, sexuell orientierter Fernsehshows etc. ausgesetzt. Sie lassen sich davon beeinflussen, wenn sie „fremdgesteuert" und schwach sind, statt auf eigene Stärken zu vertrauen.

Dieses Buch zeigt, wie Eltern ihren Kindern helfen können, tiefes Selbstvertrauen zu entwickeln.

254 Seiten, gebunden, Euro 18,50
ISBN 9-783-9808707-4-0

Nita Tucker

Schluss mit Beziehungs-Stress

Die Kunst, Konflikte mit Herz zu meistern

Mehr als 50 Prozent aller Ehen werden geschieden, Trennungen von langjährigen Beziehungen nicht mit gerechnet. Aber Sie können ganz Entscheidendes tun, um kein Fall für die Trennungsstatistik zu werden, und das hat mit Kreativität, Freude und Spaß zu tun, nicht mit „Arbeit".

Dieses Buch ist ein Praxisbuch, getestet an Hunderten von Paaren. Es gibt Ihnen alltagserprobte Hilfen, wie Sie an Konflikten und Krisen nicht scheitern, sondern wachsen – offen und spielerisch, mit Ehrlichkeit und viel Herz.

177 Seiten, gebunden Euro 15,00
ISBN 9-783-9808707-5-7

Nita Tucker

Schluss mit Single über 40

Die Kunst, den richtigen Partner zu finden

Geschrieben für Frauen, die genug haben von falschen Hoffnungen und faulen Kompromissen. Für Frauen, die den Mut haben, zweifel und Frust zu überwinden, weil sie zu ihrem Traum stehen: eine wirklich erfüllende Beziehung! Es gibt präzise Hilfen und Tipps, wie sich Schüchternheit, Selbstblockaden und Sabotagemuster erkennen und überwinden lassen. Es warnt vor Fallen und Fehlern und zeigt wirksame Methoden, wie frau wirklich den „Richtigen" entdeckt - und gewinnt.

155 Seiten, gebunden, Euro 15,00

ISBN 978-3-9808707-3-3

Drs Hal und Sidra Stone

Liebe bleibt solange sie tanzt

Partnering, die andere Art Beziehung zu leben

Den Zauber der Liebe dauerhaft bewahren – wer wünscht sich das nicht? Aber was hindert uns daran? Mit *Liebe bleibt* kommen sie den Beziehungs-Zerstörern des Alltags auf die Spur – und erleben auf überraschende Art, wie Sie sie nutzen können. Wie Sie Spannungen in Ihrer Beziehung als „Lehrer" entdecken, die Ihr persönliches Wachstum voranbringen – und das Wachstum mit Ihrem Partner.

256 Seiten, gebunden, Euro 19,50

ISBN 978-3-9808707-6-4

Rhonda Findling

Ruf bloß nicht an

Wie Sie ihren Ex.Partner loslassen und
stattdessen das Leben genießen

Einen geliebten Partner loslassen zu müssen, gehört zu den
schmerzlichsten Erfahrungen unseres Lebens. Ob Sie Angst vor einer Trennung
haben oder Hilfe brauchen, um die Trennung von Ihrem Ex-Partner zu
verarbeiten: Ruf bloß nicht an! vermittelt Ihnen das Wissen von Frauen in
ähnlicher Situation und hilft Ihnen einfühlsam und professionell! Und ob Sie
es glauben oder nicht: Es gibt ein Leben nach diesem Mann – und Sie werden
es wieder genießen! Dieses Buch hilft Ihnen dabei mit praktischen Übungen,
Fallbeispielen und einem 10-Schritte-Programm.

Rhonda Findling, klinische Psychologin M.D. und Psychotherapeutin, betreut
seit 1992 Klientinnen in eigener Praxis. Zuvor arbeitete sie über ein Jahrzehnt
für das New Yorker Mental Health Center, für Opfer von sexuellem Missbrauch
sowie als psychotherapeutische Ausbilderin. Radio- und TV-Sendungen sowie
zahlreiche Publikationen in Newsday, New York Post, Los Angeles Times u.a.
machten sie in den USA als Beziehungsexpertin landesweit bekannt.

ISBN 978-3-9808707-9-5, 144 Seiten, gebunden, Euro 13,90

Edition Constans im Reichel Verlag